企业债务过剩形成机制研究
——基于组织行为视角

李世辉 贺勇 著

本书受国家自然科学基金面上项目"企业超额盈利持续性中 CEO 效应度量和影响机制研究"（71872185）资助

科学出版社

北 京

内 容 简 介

企业资本结构一直是公司财务领域历久弥新的研究主题,而债务过剩又是近年来的学术焦点与现实热点。本书从组织行为视角,基于传统的资本结构理论,研究企业债务过剩的形成与演化。研究发现,企业出于履行债务契约的需要,通常偏好扩大规模组建企业集团实现债务契约的自我履行,集团化经营具有的抵押与担保易得性特点带来融资能力的增强。随着股东谈判力与政府、银行等组织行为因素的介入,债务契约的自我履行逐渐演变成债务过剩,并最终扩散到整个行业,从而具有同伴效应。本书秉承内因与外因的辩证哲学观,遵循归因研究的原理,探究企业内与企业外两个组织层面的行为对企业债务过剩的影响机理。

本书适宜企业管理人员、高校科研人员和大学生阅读,也可为监管部门提供参考。

图书在版编目(CIP)数据

企业债务过剩形成机制研究:基于组织行为视角/李世辉,贺勇著. --北京:科学出版社,2022.3

ISBN 978-7-03-064192-2

Ⅰ.①企… Ⅱ.①李… ②贺… Ⅲ.①企业债务-形成机制-研究 Ⅳ.①F275

中国版本图书馆 CIP 数据核字(2019)第 298834 号

责任编辑:王丹妮/责任校对:贾娜娜
责任印制:张 伟/封面设计:无极书装

科学出版社 出版
北京东黄城根北街 16 号
邮政编码:100717
http://www.sciencep.com

北京虎彩文化传播有限公司印刷
科学出版社发行 各地新华书店经销

*

2022 年 3 月第 一 版 开本:720×1000 1/16
2022 年 3 月第一次印刷 印张:10 1/2
字数:212000
定价:112.00 元
(如有印装质量问题,我社负责调换)

序　　言

企业资本结构一直是公司财务领域的重点研究方向之一，而债务过剩又是近年来的学术焦点与现实热点。债务过剩实质上既是资本结构的特殊状态，也是财务决策的特殊结果。近年来，我国企业结构性债务过剩严重，供给侧结构性改革强调去杠杆是未来宏观层面的重点任务之一，而要实现去杠杆进而达到稳杠杆目标，必须深入分析企业债务过剩的内在形成机理，找准了原因才能对症下药。因此，本书的研究具有重要意义。

本书研究发现，企业出于履行债务契约的需要，通常偏好扩大规模组建企业集团实现债务契约的自我履行。随着集团化经营所具有的抵押与担保易得性带来融资能力的增强及股东谈判力与政府、银行等软约束组织行为因素的介入，债务契约的自我履行逐渐演变成债务过剩，并通过企业间的学习模仿、对标管理与行业内的羊群效应进而传染给其他企业，扩散到整个行业，形成行业债务过剩。简言之，内外部组织行为影响企业债务的形成。

本书把企业债务过剩界定为当企业资产负债表上的现有债务负担太重时以至企业面临很高的违约风险，进而扭曲企业的投资激励导致投资决策无效。本书把组织行为界定为企业、企业的股东、政府与银行及同行企业对内源性或外源性的刺激所做出的反应。

本书构建的理论模型解释了在制度缺失或不完善的环境下，企业集团化经营可以看成一个债务契约的自我履行机制。在企业集团中，成员企业的行为通过内部资本市场的联结使得相互之间具有外部性，如果债务在第一期得到偿还的保证，那么在第二期，集团内企业的投资项目将容易得到银行下一次的信贷资金。企业旨在追求规模经济下的成本削减型投资和企业集团内部资本市场的外部效应，在投资是连续的前提下，使独立企业之间有组建企业集团的内在激励，进而解决事后的道德风险问题，从而提升企业获取银行信贷资金的能力。此时，企业集团化经营并未导致债务过剩，而是在多维组织行为的影响下，企业债务契约的自我履行逐渐演变成债务过剩。

本书从四个角度实证检验组织行为对企业债务过剩形成的影响。对企业债过剩的测度是本书实证研究首先要解决的核心问题。本书主要介绍两种债务过剩的测度方法。第一种方法建立在权衡理论关于公司存在目标资本结构的假说基础上，通过测算最优债务率，用实际资产负债率减去最优债务率得到，这一方法与测度过度负债类似。第二种方法是在同时考虑债务程度和债务可持续性的基础上，构建一个两维债务过剩指数，通过分区来确定企业是否存在债务过剩。债务过剩指数反映了公司的财务脆弱性。本书后续实证研究视情况采用这两种方法。而且，债务过剩的测度比传统的财务杠杆指标衡量企业债务程度更科学准确。

接着，本书将生产经营型企业集团内部资本市场行为定义为内部担保和内部资金配置行为，并以上证A股上市公司截面数据为样本，实证研究在内部资本市场行为下集团化经营对企业债务过剩的影响。实证结果表明：集团控制与上市公司债务过剩正相关，担保在这一过程中具有中介作用，而对外资金配置在集团控制与担保的关系中具有正向调节作用，即集团的内部担保行为诱发了上市公司债务过剩，而上市公司对外资金配置加剧了集团内部对其的担保力度。该发现有利于规范企业集团的融资行为，提高银行贷款配置效率，推动我国金融市场健康发展。

然后，本书仍以上证A股上市公司为样本，实证检验股东谈判力对企业债务过剩现象的影响。本书采用企业破产时的清算价格调整的有形资产比例、企业资产规模和机构投资者持股比例分别度量股东谈判力，以企业实际负债率与目标负债率的差值来衡量企业债务过剩水平。实证结果表明，股东的谈判力越强，企业越有可能发生债务过剩现象。

继而，本书以上证A股上市公司为样本，按照产权性质分组检验以政府补贴与金融市场化表示的软预算约束和过度负债之间的关系。研究发现，软预算约束会引起国有企业债务过剩，软预算约束程度越强，国有企业债务过剩水平越高，而对民营企业没有显著影响。进一步研究金融市场化在两者之间的调节作用，发现金融市场化在一定程度上抑制国有企业债务过剩的发生。金融市场化程度越高，国有企业债务过剩的水平和发生过度负债的可能性越低。同时，金融市场化在国有企业软预算约束与债务过剩两者关系中具有负向调节作用，而金融市场化程度对民营企业既没有直接作用，也没有显著的调节作用。

最后，本书创新性地将企业管理上的参照行为与债务过剩联系起来，研究企业债务过剩的同伴效应。以我国全部A股上市公司为样本，实证研究发现，债务过剩与行业特质回报具有显著的负相关关系，即债务过剩具有同伴效应。研究结果亦表明中小企业的同伴效应更明显。本书研究表明同行企业的财务决策是企业财务决策的重要参考因素，这对以往侧重内部因素的研究来说是一个新的思考，有助于债务过剩理论与实证研究的丰富和完善以及对外部组织行为影响的重新思考。除此之外，这一发现既有利于企业管理层做出更好的资本结构决策，也有利于投资者选择更好的投资目标，亦有利于金融市场环境的进一步优化。

在本书结尾部分，我们从企业、行业与政策层面提出治理企业债务过剩的若干简短建议。

本书的写作正值供给侧结构性改革政策出台之际，"三去一降一补"是近年来决策层关注的焦点，也是学界和实务界讨论较多的话题。其中，企业高杠杆是阻碍产业结构调整进程的一个重要因素，同时也给我国经济健康和高质量发展埋下了一个隐患。所以，本书选择企业债务过剩的形成机制作为研究的主题。本书只是从新的角度抛砖引玉式地研究了企业债务过剩的形成机制，关于企业债务过剩的形成在未来仍有广阔的学术研究空间。

在本书的写作过程中，中南大学商学院研究生林勇、胡江峰、葛玉峰等在收集资料和数据处理方面做了大量工作，在此一并表示感谢。

李世辉，贺勇

2022 年 2 月

目　　录

第1章　绪论 ·· 1
1.1 研究背景与意义 ·· 1
1.2 关键概念界定 ··· 6
1.3 研究内容与思路 ·· 9
1.4 研究方法与技术路线 ··· 12
1.5 可能的创新点 ··· 15

第2章　资本结构理论基础与研究进展 ······································· 16
2.1 相关理论基础 ··· 16
2.2 国外研究现状 ··· 25
2.3 国内研究现状 ··· 37
2.4 国内外研究述评 ·· 42

第3章　我国企业负债与债务过剩测度 ······································· 44
3.1 我国企业负债情况 ··· 44
3.2 基于目标偏离法的债务过剩测度 ······································ 46
3.3 财务脆弱性视角债务过剩测度 ··· 51
3.4 债务过剩测度的比较及其在本书的应用 ····························· 55

第4章　集团化经营与债务契约的自我履行 ································· 57
4.1 引言 ·· 57
4.2 文献回顾 ··· 58
4.3 理论模型 ··· 59
4.4 本章小结 ··· 66

第 5 章　集团化经营与企业债务过剩 ········· 67
5.1　引言 ········· 67
5.2　文献回顾与研究假设 ········· 69
5.3　研究设计 ········· 72
5.4　实证检验及分析 ········· 75
5.5　本章小结 ········· 80

第 6 章　股东谈判力与企业债务过剩 ········· 81
6.1　引言 ········· 81
6.2　文献回顾与研究假设 ········· 82
6.3　研究设计 ········· 86
6.4　实证结果与分析 ········· 91
6.5　本章小结 ········· 94

第 7 章　软预算约束与企业债务过剩 ········· 95
7.1　引言 ········· 95
7.2　一个债务过剩与软预算约束并存的简单模型 ········· 96
7.3　研究假设 ········· 98
7.4　研究设计 ········· 100
7.5　实证结果与分析 ········· 103
7.6　本章小结 ········· 108

第 8 章　同业参照与企业债务过剩 ········· 110
8.1　引言 ········· 110
8.2　文献回顾与研究假设 ········· 111
8.3　研究设计 ········· 113
8.4　实证结果与分析 ········· 119
8.5　本章小结 ········· 123

第 9 章　企业债务过剩的治理 ········· 126
9.1　企业集团内部资本市场治理 ········· 127
9.2　公司股权结构与股东行为治理 ········· 129
9.3　政府干预企业行为的治理 ········· 130
9.4　金融监管体系的治理 ········· 131
9.5　企业资本结构决策的治理 ········· 132

第 10 章　结论与展望 ·················· 134
　　10.1　研究结论 ························ 134
　　10.2　研究展望 ························ 136

参考文献 ······························ 139

后记 ································· 156

第1章 绪 论

1.1 研究背景与意义

1.1.1 研究背景

债务激增越来越令全球各国监管机构感到担忧。国际货币基金组织（International Monetary Fund，IMF）测算表明，如果将隐性债务考虑在内，截至2018 年末中国地方政府的债务规模已达 49.3 万亿元，据此计算可知，地方政府债务率（债务总额/GDP[①]）已达 55.5%，包含中央政府债务的政府总债务率达72.7%，超过了 60%的国际警戒线。虽然在经济增长的背后，地方政府的债务问题是一大主因，但企业债务增长的情况也不容忽视，而且很多政府债务通过某些融资平台转化为企业债务，特别是在我国国有企业占主导地位的新兴市场，政府债务通过融资平台都转变为国有企业的债务。早在 2015 年 9 月下旬，IMF 就发出警告，新兴市场在过去十年的企业债务达到创纪录的 18 万亿（兆）美元，在规模上翻了两番。新兴市场经济体，如俄罗斯、墨西哥、马来西亚、巴西、中国和土耳其等国家的公司和家庭负债增长速度惊人，过去几年来所引发的担忧与日俱增。2015 年 10 月，国际清算银行（Bank for International Settlements，BIS）估计新兴市场的非金融企业的债务规模多达 3 万亿美元，其中三分之一为债券。

从我国宏观层面来看，在2008 年全球金融危机以前，我国非金融企业的杠杆率一直稳定在 100%以内，但金融危机之后，我国非金融企业加杠杆趋势非常明显。2008~2014 年猛增 47.3%，由 95.2%提升到近 142.5%；然后一路攀升，在2016 年达到157.6%，随后受调控的影响有所下降，2019 年降至 151.9%，但 2020年受疫情冲击，我国非金融企业杠杆率又上升了 10.4 个百分点，达到 162.3%，在2021 年下降至 154.8%（李扬，2022）。国家金融与发展实验室 2021 年的报告指

[①] GDP：gross domestic product，国内生产总值。

出，2021年非金融企业杠杆率大幅收缩主要原因有三点：一是企业投资意愿不强，二是企业利润增长较快，三是银行信贷供给收紧。如果放任这些因素互相叠加影响，则容易陷入资产负债表衰退，既丧失了经济增长动力，也增加了企业债务违约的风险。任何金融危机实质上来说都是债务危机，因此，我国非金融企业的这一发展趋势必须得到应有的重视。国家金融与发展实验室发布的各年度《中国杠杆率报告》指出，截至2014年，中国全社会杠杆率已上升到接近240%，其中非金融企业杠杆率的上升非常值得关注。截至2015年底，中国非金融企业部门债务规模约为88.63万亿元，与GDP之比为131%。如果加上部分融资平台债务，非金融企业部门的债务率可能高达156%。到2020年，我国宏观杠杆率达到270.1%，其中非金融企业部门杠杆率为162.3%，政府部门杠杆率为45.6%，居民部门杠杆率为62.2%。总体来看，中国非金融企业负债大约占总负债规模的一半，占GDP的比重在125%~140%。还有研究指出，我国社会融资规模（衡量月度信贷创造的广义指标）的增速是名义GDP增长率的近三倍。由此可见，企业出现问题会连带银行出现问题，形成多米诺骨牌效应。

从2008年我国政府推出4万亿刺激计划后，我国非金融企业债务的增长就引起了学界、政界与业界的关注。过去几年，债务累积速度非但没有与经济同步放缓，反而有所加快。然后，很多民营企业融资难，面临信贷紧张状况，因此，快速的信贷创造可能主要流向过剩负债的房地产行业、地方政府和国有企业主导行业。为了应对以上问题，中央政府陆续推出了一些金融政策，但收效甚微。例如，政府在2013年禁止地方政府使用融资工具借款，但2015年又放松了限制。2015年政府出台了一项地方政府债券债务转换计划，允许将昂贵的银行债务转换为廉价的债务工具。银行购买了规模适中的逾3万亿元人民币债券，但传统贷款仍在"任性地"持续增长。我国需要进行更多结构性改革来控制其公有和私有负债负担，并保持GDP增长。

从企业微观数据来看，我国上市公司也是负债累累，甚至有些上市公司严重资不抵债，存在明显的结构性问题。仅追溯到2012年三季度末，Wind资讯数据显示，沪深两市A股共有各类ST股票约110只，其中资产负债率（debt to asserts ratio）超过70%的共有70只左右，而资产负债率超过100%的ST股票就有近40只。这说明近40家上市公司已经资不抵债，到了被负债"围剿"的地步。其中，资产负债率达到了惊人的1 000%以上的公司有*ST中华A（000017.SZ）、ST太光（000555.SZ）及ST联华（600617.SH）等"帽子王"。ST联华更是以2 283%的数字高居ST股票"资产负债率之王"。而且，A股市场有200多家已沦落为"僵尸企业"，它们需要依靠银行输血和政府补贴才能存活。除此之外，在煤炭、钢铁、水泥、平板玻璃、造船、光伏等多个过剩产能行业中，企业借新还旧问题非常突出。据Wind资讯的统计，产能过剩行业，如钢铁、玻璃、水泥、光伏等部分企业的负债率甚至超过了90%。再看我国上市公司2015年年报的情况，负债最多的单个企业是号称"两桶"之一的中国石油，其负债达到1万亿元人民币整。此外，负债量排名2~6位的企业分别是中国建筑、中国石化、中国铁建和中国交建，这5家企业的负债总额超过了3万亿元。在上市公司中，负债最多的前50家企业，其负债总额高达11万亿元人民币，平均每家上市公司负债约2 000亿元人民币；负债最多的前300家上市公司，其负债总额达16万亿元人民币，平均每家上市公司负债约500亿元人民币。历史数据显示，负债最多的50家上市公司在10年间的负债大幅增加。在2006年，这50家企业负债总额约为1万亿元人民币，但到2015年已高达11万亿元人民币，即这50家企业在10年间平均每年新增负债总额1万亿元人民币。钟宁桦等（2016）研究指出，中国当前的高负债具有鲜明的结构性特征。2013年，负债最多的前500家企业超过了存在债务问题企业的1/4。

在此情况下，2015年11月10日中央政府在中央财经领导小组第十一次会议上提出了旨在调整经济结构、使要素实现最优配置、提升经济增长的质量和数量的供给侧结构性改革。其目标就是从提高供给质量出发，用改革的办法推进结构调整，矫正要素配置扭曲，扩大有效供给，提高供给结构对需求变化的适应性和灵活性，提高全要素生产率（total factor productivity，TFP），更好地满足广大人民群众的需要，促进经济社会持续健康发展。

中小企业一直存在融资难问题，而影子银行成了很多中小企业融资的选择。根据中国人民银行调查统计司网站关于社会融资规模存量统计表中的相关数据可知，我国2015~2019年五年中影子银行规模的具体情况与动态变化，具体数据如表1-1所示。

表1-1 2015~2019年社会融资规模存量统计表

影子银行融资	2015年	2016年	2017年	2018年	2019年
委托贷款存量/万亿元人民币	11.01	13.20	13.97	12.36	11.44
信托贷款存量/万亿元人民币	5.45	6.31	8.53	7.85	7.45
未贴现银行承兑汇票/万亿元人民币	5.85	3.90	4.44	3.81	3.33
企业债券/万亿元人民币	14.63	17.92	18.44	20.13	23.47
影子银行规模/万亿元人民币	36.94	41.33	45.38	44.15	45.69
GDP/万亿元人民币	68.60	74.01	82.08	90.03	99.07
影子银行规模占GDP比例	53.85%	55.84%	55.29%	49.04%	46.12%

由表1-1数据可知，2015~2019年影子银行规模呈稳步扩大趋势，其相对于GDP的占比在2015~2017年平稳维持在54%左右，于2018~2019年下降至50%以下。

在适度情况下，企业能够利用债务融资的抵税作用进而增加现实中的企业价值。可是，过高的债务融资将导致企业陷入财务困境和面临破产风险。特别是在类似金融危机的经济衰退期，拥有过高债务的企业面临更高的破产风险。

企业资本结构一直是公司财务领域的重点研究领域之一。近数十年，学术界提出很多有影响的理论用于解释资本结构问题，如代理理论、权衡理论（trade-off theory）、啄食理论（pecking order theory）、债务契约理论等，但这些理论基本停留在企业融资秩序、最优资本结构等方面，对于极端债务融资的解释力还有所欠缺，而债务过剩（debt overhang）又是近年来的学术焦点与现实热点。债务过剩实质上是杠杆比例的一种特殊形式，即资本结构的特殊状态，也是财务决策的特殊结果。处于经济转型期的我国企业结构性债务过剩严重，供给侧结构性改革强调去杠杆是未来宏观层面的重点任务之一，因此能否具体且深入分析企业微观层面债务过剩的成因影响到去杠杆任务的成败。

1.1.2 研究意义

1. 理论意义

在公司金融或公司财务研究中，关于公司资本结构或债务融资决定因素的研究文献已浩如烟海。自Modigliani和Miller（1958）以来，大量研究都集中在了解和分析世界各地尤其是美国公司的财务政策选择方面。这方面的文献突出了决定最优资产负债率的企业、市场和行业特性，以及在偏离最优的情况下，它的动态调整过程。这方面的研究基本可以分为两类：一是公司资本结构受公司专有特征因素的影响；二是公司资本结构受国家专有因素的影响。前者包括公司规模、资产类型、所有权结构、盈余波动性、流动性、成长机会、资本支出、人力资本甚至高管个人的风险偏好等因素。例如，Byoun等（2013）检验了不同国家项目融资投资的资本结构，发现当用项目的行业现金流波动度量的项目风险很高时，项目公司使用更多的负债。Graham等（2013）发现更为乐观的经理人可能倾向承担短期借款，而不是长期借款。后者包括国家的宏观经济环境、税收政策及国家文化等因素。

现有研究发展和转型国家资本结构的文献凸显了过度债务的重要性（Driffield and Pal，2010），这与大多数研究发达国家的文献不同。债务过剩对于依赖银行贷款的许多公司来说是普遍存在的。杠杆率的增加可能会引发企业风险剧增，从而带来更高的外部融资成本，而融资成本又可能降低投资、减少现金流从而影响产出。通过放大或传播对实体经济的初始不利冲击（如需求），企业杠杆率的增加也会引起严重的增长放缓。2008年金融危机之后，强调杠杆决策和更广泛的经济之间的联系很有必要，因为这场危机以贷款热潮的风险引发全球经济下滑为主要特点。Myers（1977）发现如果一个企业的资本结构中有高风险债务时，代表股东利益的经理可能拒绝正净现值的投资机会，从而导致无效投资决策。当一个企业资产负债表上的现有债务负担太重以至企业面临很高的违约风险时，债务过剩问题就会出现。

从现有理论与文献来看，学者们已经认识到企业债务过剩是资本结构的特殊状态，对债务过剩的经济后果给予了大量关注，但对于企业债务过剩的成因研究却较少。即使有这方面的研究，也主要是从外部经济条件的视角来解释企业债务过剩，对内源性的成因关注还不够。例如，基于连续投资带来的规模经济与企业行为的外部性，企业集团是作为一个契约自我履行机制而存在的，能够替代不完善的制度，对于企业集团化经营对债务过剩有何影响，目前还鲜有研究。又如，对于企业股东在企业债务过剩形成过程中起到了什么作用，目前的研究还未解释清楚。再如，在企业经营管理中，模仿与跟随等对标管理是一种常用的管理策略，对于企业债务过剩是否也存在同业参照效应，目前的研究也没有解释。诸如此类的问题，都需要我们从不同的视角对企业债务过剩的形成进行深入研究。本书的研究正是在这方面的一个尝试。本书的研究结论与发现不仅丰富了资本结构理论，更为组织行为影响企业负债水平提供了新的证据。

2. 现实意义

上市公司出现债务危机，除了受宏观经济不景气的影响外，主要原因仍在于经营管理问题，如扩张激进、频繁转型折腾、内部管理存在较大漏洞等。由于资本结构影响资源配置效率，且我国企业没有很好的债权人利益保护机制，企业在债务融资过程中普遍呈现出机会主义行为，未能把适度债务水平或目标资本结构作为一种经营理念，从而导致资本市场资金错配与配置效率低下。本书在新的视角下，研究企业债务过剩的形成机制，寻找可能影响债务结构恶化的组织行为因素。引导企业制定科学的目标资本结构，构建资本结构动态优化机制，使其能够主动、灵活地适应市场的变化，提高资金的使用效率，从而优化资源配置和提高企业效益与社会效益。

同时，本书的研究具有较强的政策含义，能够为我国供给侧结构性改革提供更多证据支持，也为我国市场化改革的必要性和正确性、企业的管理实践提供了新的参考价值。对于更好地理解现实中企业的资本结构决策具有较强的启示意义。本书的发现也提示银行等金融机构，在判断企业负债风险时需要适当调整思维方式，关注到内外部组织行为对企业负债风险的影响。另外，对那些类似于我国情况的发展中国家也具有较强的借鉴价值。

1.2 关键概念界定

1.2.1 企业负债与债务

从会计学的角度来看，企业负债包括企业对出借人的负债，如银行借款、应付债券，也包括企业对其他利益相关者的负债，如应付职工薪酬、应交税费、应付账款等，还包括隐性负债，如表外负债和影子银行负债。企业债务主要是指企业对出借人负债，包括可以直接在表内反映的银行借款和应付债券等。所以，从内涵讲，企业负债大于企业债务，前者包括后者。企业负债程度通常用资产负债率来表示。资产负债率是指公司年末的负债总额与资产总额之比，表示公司总资产中有多少是通过负债筹集的。该比率是评价公司负债水平的一个综合指标。涉及企业债务的指标有长期债务与短期债务，因此很难用一个唯一的标准来衡量企业的负债是多了还是少了。不过很多研究者致力于最优负债或资本结构的研究与确定，并演绎出了很多相关理论。在第 2 章理论基础部分，本书将会具体谈到这些相关理论。

1.2.2 企业债务过剩

企业债务过剩在国外文献中至少有三种表述，一是被表述成债务过剩或债务积压，二是被称为超额负债，三是过度负债（debt overhang/over-indebtedness）。国内相关研究多使用过度负债这一说法。李伟（2012）关注到"苏越现象"并用定量方法测度了过度负债，但其将过度负债定义为平均借款利率超过总资产回报率并且当年发生了借款，因此显得有些片面。中国工商银行信用审批部（2012）认为，过度负债是指企业的融资总量过大，超过企业的还款能力或实际生产经营需要，进而影响债权人债权安全的财务现象，此定义是基于企业价值的视角。中国人民银行苍南县支行课题组（2013）认为企业过度负债是企业在投资项目净现值小于零的情况下进行融资，融资规模超过了公司价值最大化时的最优融资规模；或者，对能带来正净现值的某一项目进行融资，但所融资金数额超过了完成该项目所需的资金，此定义是基于债权安全的视角。龙章睿（2016）在综合上述分析后，基于维系企业持续经营、保证债权人债权安全两个维度，把企业过度债务定义如下：负债过多以致创现能力不足以负担，其中创现能力是指经营活动创造现金流入量或净流入量的能力，即"赚钱"的能力，并认为识别企业过度负债应从企业的财务特征和行为特征两方面入手。

检验债务与企业真实投资政策关系的研究起始于 Jensen 和 Meckling（1976）、Myers（1977）的经典文献。Jensen 和 Meckling（1976）认为受托责任的存在产生了代理成本，从而导致了无效投资。Myers（1977）则引入了投资不足后果下的债务过剩概念。Myers（1977）发现当一个企业的资本结构中有高风险债务时，代表股东利益的经理可能拒绝正净现值的投资机会，因为新投资带来的收益大部分都被债权人获得。当一个正净现值项目降低了股权的价值时，会出现投资不足或债务过剩问题，因为创造的价值到了债权人手上。如果这种潜在的转移太高，则企业不能获得项目融资从而导致投资不足。因为股东做出投资决策是以最大化自己的利益为目标，他们不会把债权人的利益考虑在决策中。为了便于理解债务过剩对投资的扭曲，本书以一个例子加以说明。

假如存在一个项目 A，当有债务过剩与没有债务过剩时，股东对项目 A 是投资还是不投资？又假设，目前的成本是 100 元，公司资产未来增加值是 200 元，折现率为零，所以项目具有正净值。只有当项目的收益——股权价值增加——超过项目成本时，股东才会投资。项目成本是 100 元，但收益取决于公司资产负债率的状况，以下是两种不同情境中的收益变化。

情境一：没有债务过剩。

如图 1-1 所示，在情境一中，项目 A 增加了权益 200 元。因为项目成本只有 100 元，股东通过投资获得了收益 100 元。因此，他们选择投资，不存在债务过剩的扭曲问题。

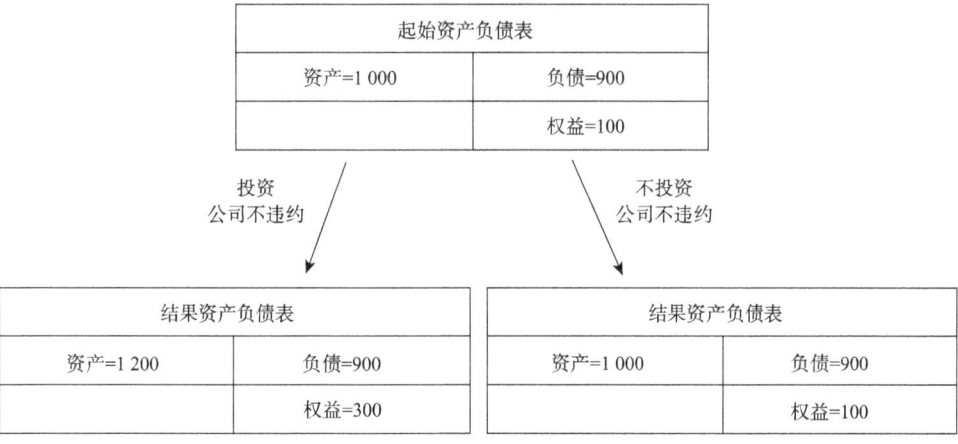

图 1-1　当没有债务过剩时的投资决策

情境二：有债务过剩。

相对于情境一，情境二中的不良资产负债表降低了资产的价值。

在这种情境中，项目 A 仅增加权益 50 元。因为项目成本只有 100 元，股东通过投资损失了 50 元。因此，股东选择不投资，则债务过剩扭曲了投资决策，如图 1-2 所示。

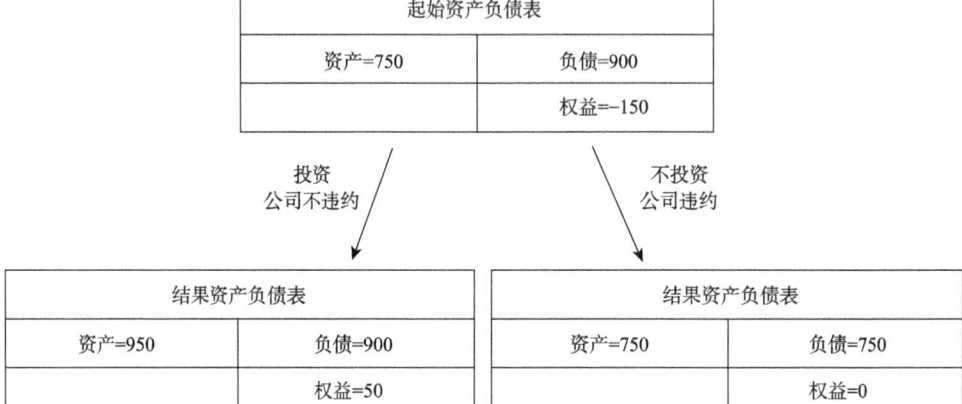

图 1-2　当有债务过剩时的投资决策

尽管在这种情境中，不投资的决策引起了公司违约，在更现实的情况下，债务过剩使公司投资不足，但并不必然引起违约。在不投资且公司违约的情况下，出现了公司违约，且债务下降。

在债务过剩情况下，股东宁愿拒绝项目 A。即使在极端的情况下，公司将在没有投资的情况下违约，并使股东权益清零，为什么？如果他们投资，他们将承担整个项目的全部成本，但只获得部分收益，而其他部分的收益归于债权人。在上面的例证中可以发现，提供债务减免有利于债权人。假设债权人免除了部分债务，如从 900 元减少到 800 元的账面价值。股东宁愿承担项目 A，避免公司的违约，这一选择将最终使债权人受益。

综上，国内研究中的超额负债、过度负债与本书所指债务过剩在概念上存在一定差异，前两种表述基本只强调企业的负债是否超过了偿债能力，更多地表示一种债务水平，而债务过剩则更关注债务程度对投资的扭曲影响。

1.2.3　组织及组织行为

组织行为是指组织的个体、群体或组织本身从组织的角度出发，对内源性或外源性的刺激所做出的反应。组织行为是一种重要的组织现象。本书将组织界定在企业及其同行企业、企业的股东、政府、银行。本书中组织行为是指企业、企业的股东、政府与银行的行为。

从另一个视角来看，本书中的组织既包括内部组织，即企业自身、企业股东，也包括外部组织，即同行企业、政府与银行。本书要研究的就是这些组织的行为对企业债务过剩形成过程的影响，或者说，本书认为企业债务过剩是对内源性或外源性的刺激所做出的反应。图1-3是企业债务过剩中的组织行为概念框架。

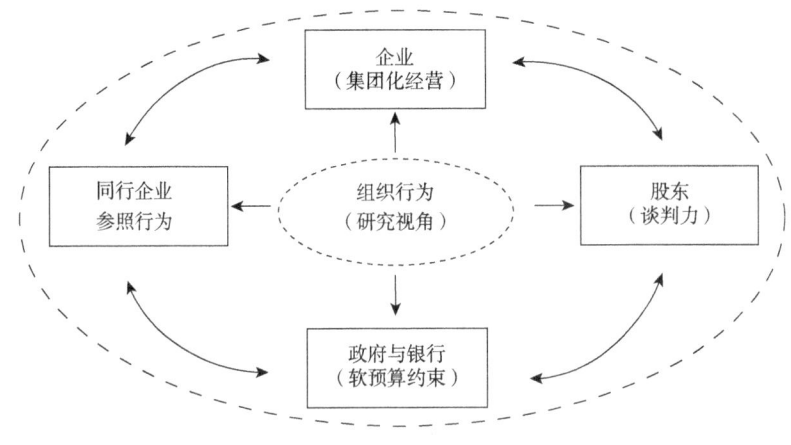

图1-3 企业债务过剩中的组织行为概念框架

1.3 研究内容与思路

1.3.1 研究内容

本书共分10章，具体研究内容安排如下。

第1章是绪论。首先介绍本书的研究背景和意义，其次对关键概念，如债务、债务过剩与组织行为进行界定，在此基础上提出本书的研究框架、研究方法与可能的创新点。

第2章是资本结构理论基础与研究进展。理论方面，首先从信息不对称这一基础性理论开始，对现代公司资本结构中的代理理论、权衡理论、啄食理论、融资契约理论与市场择时假说进行回顾和比较，对债务融资的本质进行解释。对国内外与债务融资行为相关的研究文献进行系统的综述。国外文献主要从资本结构的宏微观决定因素、债务过剩的成本估计及债务过剩的扭曲效应等方面进行梳理。国内文献主要从资本结构决定因素、资本结构与企业绩效的关系及债务期限结构三方面的文献进行回顾。其次对国内外文献进行简短评价，为本书主要研究变量债务过剩的测度与实证检验模型和控制变量的选择奠定文献基础，同时也为后面的实证研究明确创新的突破方向。

第 3 章研究我国企业负债与债务过剩测度。主要介绍了两种债务过剩测度方法。第一种方法建立在权衡理论关于公司存在目标资本结构的假说基础上，通过测算最优资产负债率，用实际资产负债率减去最优资产负债率得到。第二种方法是在同时考虑债务程度和债务可持续性的基础上，构建一个两维债务过剩指数，通过分象限来确定企业是否存在债务过剩。债务过剩指数反映了公司的财务脆弱性。该章之后的实证研究视情况采用这两种方法。

第 4 章通过构建理论模型解释了在制度缺失或不完善的环境下企业集团是一个债务契约的自我履行机制。企业集团成员企业的行为通过内部资本市场的联结使得相互之间具有外部性，如果债务在第一期得到偿还的保证，那么在第二期，集团内企业的投资项目将容易得到银行下一次的信贷资金。企业旨在追求规模经济的成本削减型投资和企业集团内部资本市场的外部效应，在投资是连续的前提下使独立企业之间有组建企业集团的动力，可以解决事后的道德风险问题，从而提升企业获取银行信贷资金的能力，并有如下推理：在其他条件相同的情况下，集团成员公司获取的银行贷款比率更高、贷款期限更长；在其他条件相同的情况下，民营化会降低集团化的贷款效应，而且主要表现为贷款期限效应；集团化公司获得的贷款担保多于独立公司。

第 5 章实证研究企业集团化经营对企业债务过剩的影响。先对我国金融市场企业融资偏好制度、信贷歧视进行梳理，这些制度安排使债务融资成为一种有价值的资源。我国上市公司大部分是国有企业与集团型企业，这一特征正是企业债务过剩得以存在的客观条件。金融危机以来我国企业杠杆水平迅速攀升，企业集团加杠杆更甚。该章以上证 A 股 2011~2014 年制造业上市公司截面数据为样本，将集团内部资本市场行为定义为内部担保和内部资金配置行为，进一步研究内部资本市场行为在债务过剩形成过程中的作用机理。实证结果表明：集团控制导致上市公司债务过剩，担保在这一过程中具有中介作用，并且对外资金配置在集团控制与担保的关系中具有正向调节作用，即集团内部担保行为诱发上市公司债务过剩，而上市公司对外资金配置加剧集团内部担保的力度。该发现有利于规范企业集团的融资行为，有助于提高银行贷款配置效率，对推动我国金融市场健康发展有一定现实意义。

第 6 章实证研究股东谈判力与企业债务过剩之间的关系。该章仍然选取我国 A 股制造业的上市公司数据，实证检验股东谈判力对企业债务过剩现象的影响。该章以企业破产清算价格调整的有形资产比例、企业的资产规模和机构投资者持股比例分别度量股东谈判力，以企业实际负债率减去目标负债率的差值来衡量企业债务过剩水平。该章的实证研究表明，以资产规模和机构投资者持股比例表示的股东的谈判力越强，企业越有可能发生债务过剩现象。

第 7 章研究软预算约束与企业债务过剩之间的关系。政府救助或信贷刺激是否导致企业出现债务过剩？更容易导致国有企业还是民营企业出现债务过剩？该章以上证 A 股上市公司为样本，按照产权性质分组检验以政府补贴与金融市场化表示的软预算约束与债务过剩之间的关系。研究发现软预算约束导致国有企业出现债务过剩，软预算约束程度越强，国有企业过度负债水平和发生债务过剩的概率越高，而对民营企业没有显著影响。进一步研究金融市场化在两者之间的调节作用，发现金融市场化在一定程度上抑制了国有企业债务过剩发生，金融市场化程度越高，国有企业债务过剩的水平和发生债务过剩的可能性越低。同时，金融市场化在国有企业软预算约束与债务过剩两者关系中具有负向调节作用，而金融市场化程度对民营企业既没有直接作用，也没有显著的调节作用。

第 8 章实证研究企业债务过剩中的同业参照行为（即同伴效应）。该章创新性地将企业管理上的参照行为与债务过剩联系起来，研究企业的同业参照行为对债务过剩的影响。实证研究发现债务过剩与行业特质回报具有显著的负相关关系，即债务过剩具有同业参照效应；研究结果亦表明中小企业的参照效应更明显。该章研究表明同行企业的财务决策是企业财务决策的重要参考因素，这对以往侧重内部因素的研究来说是一个新的思考，有助于债务过剩理论与实证研究的丰富和完善以及对外部组织行为影响的重新思考。除此之外，它既有利于企业管理层做出更好的资本结构决策，也有利于投资者选择更好的投资目标，亦有利于金融市场环境的进一步优化。

第 9 章是企业债务过剩的治理建议。本书从企业集团内部资本市场、公司股权结构与股东行为、政府干预企业行为、金融监管体系与企业资本结构决策等五个方面对治理企业债务过剩提出了简短建议。

第 10 章是结论与展望。本书的最后归纳总结了实证研究结论，并指出了研究中的不足，进而提出了关于债务过剩的未来研究方向。

1.3.2 研究思路

在对大量相关文献进行查阅与梳理的基础上，结合对中国资本市场的企业现象与经济形势的现实观察，确定本书的研究主题、研究框架及创新的突破方向。随着全球经济放缓，各部门债务特别是作为市场主体的企业债务危机频现，企业债务过剩成为近年来学术界关注的一个重要的公司金融研究领域。以往相关文献的研究为本书实证研究主要变量测度方法的选择及研究设计奠定了文献基础。通过详细的理论基础和相关文献的回顾与比较分析，为实证研究框架的确定提供了理论和制度的铺垫。在实证研究框架确定后，遵循"组织行为—企业债务过剩—行业债务过剩"的逻辑，按照大组织构架，遵循归因研究原理，分别从微观到宏观,以及宏微观的结合系统地检验企业、同行企业、企业股东、政府和银行与企业债务过剩的关系,找到各组织行为对企业债务过剩的影响程度,沿着反馈路线得出若干研究与政策展望。企业集团化经营可以解释债务契约的自我履行机制,但股东谈判力的提升以及政府与银行软预算约束的存在,最终导致集团化经营下的企业债务过剩。行业中的其他企业通过对标管理与实习模仿,使得债务过剩具有行业同伴效应,从而引起单个企业的债务过剩向行业扩散。

从所检索的文献来看,目前尚未发现有系统地从组织行为视角研究企业债务过剩成因的国内外文献。本书的主要研究内容与思路如图1-4所示。

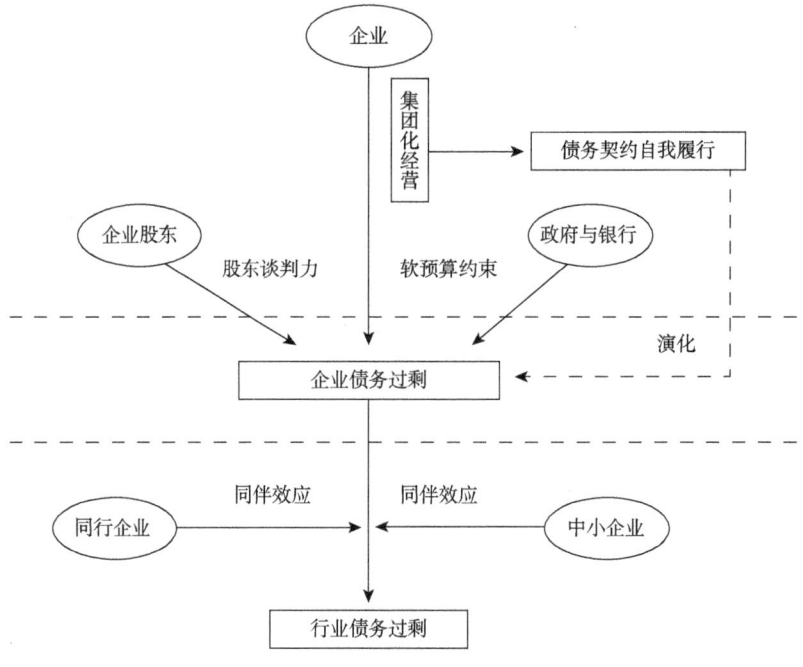

图1-4 本书的主要研究内容与思路

1.4 研究方法与技术路线

1.4.1 研究方法

1. 文献研究法

通过对国内外融资行为相关文献的查阅、分析、归纳与评价,寻求研究思路、找到创新突破方向、确定实证研究框架和研究变量的度量方法,得到一些有价值的研究结论。例如,通过梳理现有文献归纳出国内外研究主要关注资本结构是否存在最优、融资秩序的特征、债务融资的前因后果等,而对债务过剩这一特殊资本结构现象形成的原因还关注不够。

2. 理论规范分析法

理论规范分析法主要以组织行为分析作为研究工具,沿着"组织行为—企业债务过剩—行业债务过剩"的逻辑路线进行理论推导。在对现代公司资本结构理论进行分析的基础上,较为详细地分析债务过剩的研究范式演进脉络,建立以研究主题为依托的内因和外因共同导致债务过剩的理论构架。此外,通过对组织框架分析进路的把握,从微观到宏观角度研究企业债务过剩发生的诱因。

3. 实证研究法

以我国证券市场近年来深沪证券交易所上市公司的数据为基础,从微观层面和宏观层面多个视角系统地考察组织行为视域下企业债务过剩形成机理,得到本书的主要研究结论。为保证研究结论的稳健可靠,在实证研究中采用 OLS (ordinary least square,普通最小二乘)回归方法、Logistic 回归方法及变量交互效应检验模型等多种计量经济学模型来检验本书的研究假设。在实证研究中所运用的分析软件主要有 Excel 2010、SPSS 20.0 和 Stata 15.0。CSMAR 数据库为本书实证研究所需的财务数据收集提供了便利。

4. 比较分析法

在实证研究中,本书还从产权性质角度对样本公司进行分样本检验,目的是比较不同产权性质的上市公司债务过剩的差异。通过这种比较,得到了一些有价值的研究结论。

1.4.2 技术路线

本书研究技术路径图如图 1-5 所示。沿着"研究缘起—问题提出—研究切入点—思路修正—理论构建—理论验证—实践应用"逻辑展开分析与讨论。

首先,提出研究的问题,即影响企业债务过剩的关键因素是什么。因此,需要找到合适的研究视角或研究的切入点。本书从组织行为的视角,探讨组织行为与企业债务过剩的关系。

其次,根据研究视角,并依托现有理论构建本书的理论分析框架。

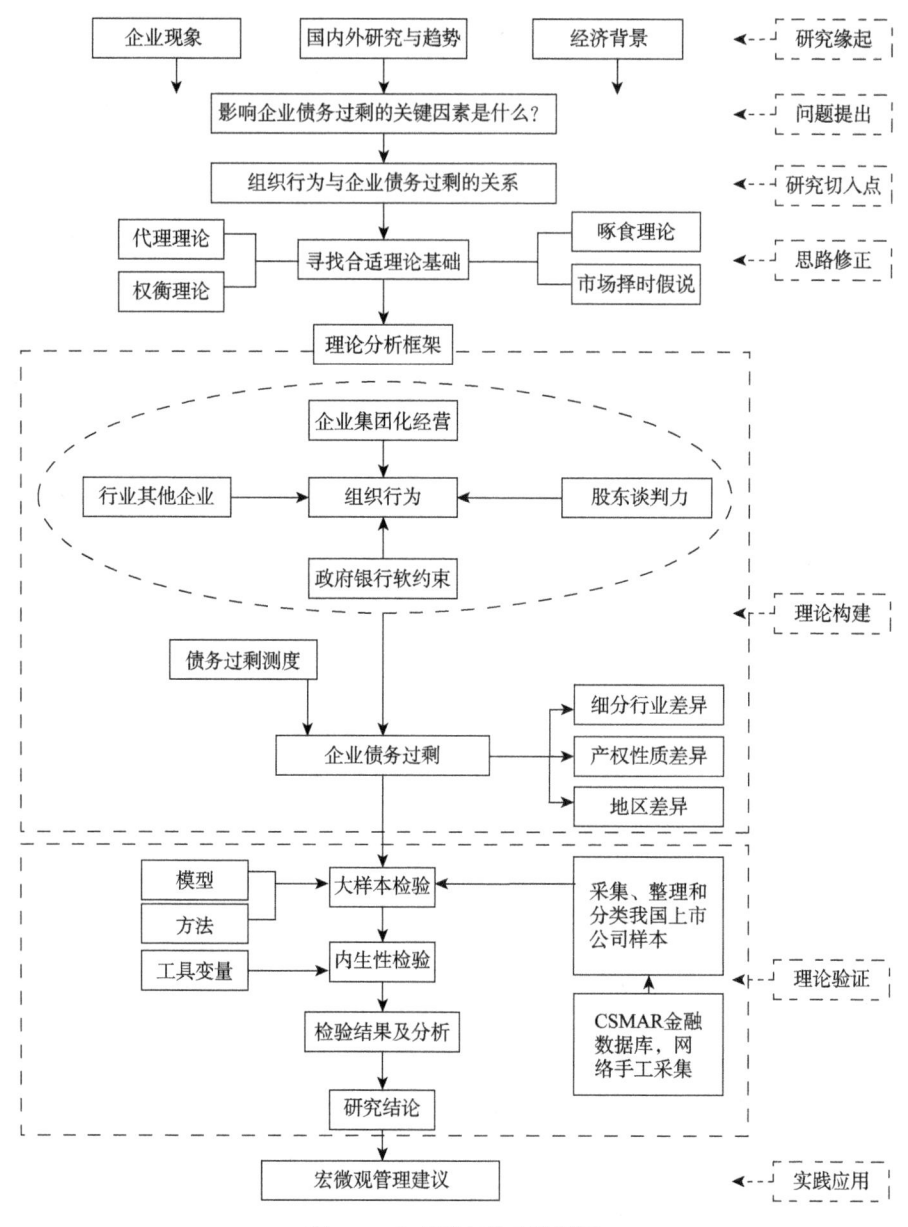

图 1-5　本书研究技术路径图

再次,本书通过实证研究对理论框架进行验证。为此,提出了一系列研究假设,运用统计方法对假设进行大样本检验。

最后,本书根据研究结论提出了一些政策建议。

1.5 可能的创新点

本书的创新点主要体现在以下三个方面。

（1）学术思想的创新。本书选择资本结构的特殊形态（即债务过剩的形成机制）为研究主题，以信息不对称理论、代理理论、啄食理论、融资契约理论、权衡理论和市场择时假说等为主要理论依据。从组织行为角度把企业自身行为、股东行为、政府行为与银行行为纳入企业债务过剩的决定因素研究中，形成了研究企业债务过剩（债务积压）的新思路。本书有效弥补了现有文献多从经济后果角度研究企业债务状况的局限。本书以企业去杠杆、适度负债与稳健经营为导向，秉承内因与外因的辩证哲学观，从企业、股东、政府、银行维度，企业内与企业外两个层面构建了组织行为指标体系。遵循归因研究的原理，反思企业过度债务经营的动机，探究组织行为对企业债务过剩的影响，从而拓展和丰富了现于企业资本结构理论，特别是债务过剩的理论文献，在学术思想上具有独特性和创新性。

（2）学术观点的创新。本书认为企业债务过剩实质上是企业财务杠杆的特殊形式，即资本结构的特殊状态，也是财务决策的特殊结果。企业进行集团化经营是一种债务契约的自我履行机制，但随着股东与政府或银行行为的嵌入，企业债务逐渐过剩，同行业的企业通过模仿学习和战略互动等，又使得债务过剩存在行业扩大趋势，从而使得企业债务过剩具有同伴效应。债务融资的决策动机与强度存在很大差异，本书研究发现必须依托组织行为从内因入手，基于多维组织行为框架，沿着以下逻辑展开：组织行为影响企业债务融资的决策与行为方式，进而影响到企业债务融资的强度，同时又受到行业与产权性质等因素的调节；综合考虑以上因素才能合理确定外生经济条件下我国企业债务过剩的形成机制及其强度。同时，我国调整经济结构，使要素实现最优配置，实施提升经济增长的质量和数量的供给侧结构性改革，必须深入研究企业债务过剩的形成机理机制。

（3）研究方法的创新。本书运用多学科交叉的研究方式，以公司金融学中的代理理论、权衡理论、啄食理论等和管理学中组织行为学、对标管理或学习理论等为基础来研究我国企业债务过剩的形成问题，是一个创新性的尝试。本书从目标偏离法与财务脆弱性视角构建了企业债务过剩测度模型，解决了传统财务杠杆指标无法有效揭示企业债务过剩的问题。同时，运用比较分析方法，比较各种组织行为对企业债务过剩的影响及其行业差异与产权差异。在实证检验中，本书运用OLS等构建计量模型；运用大样本统计分析检验理论假设；运用工具变量法对模型和结论进行内生性检验。

第 2 章　资本结构理论基础与研究进展

2.1　相关理论基础

通过扩展前人的研究，Modigliani 和 Miller（1958）提出了资本结构理论的基础。Modigliani 和 Miller（1958）理论的基本概念或第一个命题是，资本结构无关论，即企业价值与企业融资无关。从 Modigliani 和 Miller（1958）对资本结构提出"无关论"以来，学术界发展了至少三个公司资本结构理论，这些理论认为融资方式不是无关紧要的。其中包括权衡理论、啄食理论、市场择时假说。权衡理论与啄食理论是两个相互竞争又相互依赖的理论，这两个理论的基础是代理成本理论与信息不对称。

权衡理论假设当债务的边际收益与边际成本相等时，企业价值达到最大化。啄食理论由 Myers（1984）及 Myers 和 Majluf（1984）提出，该理论聚焦于公司内部人与外部人之间的信息不对称。无论是啄食理论还是权衡理论，二者都不预测目标财务杠杆率的存在以及公司向目标杠杆率的调整。因此，大量的实证研究试图通过检验公司是否以及如何向目标杠杆率进行调整来证实权衡理论与其他替代理论的区别（Frank and Goyal，2007）。

2.1.1　信息不对称假说

信息不对称是经济学和财务学研究赖以为基础的重要假设。信贷市场是典型的信息不对称市场，现有文献对信贷市场信息不对称的原因、结果及相应对策已形成一个基本的理论框架。信息不对称更严重的公司其债务期限更低（Custódio et al.，2013）。而且已经有理论研究认为，贷款人和借款人之间的信息不对称通过降低资本的有效配置影响金融发展（Jappelli and Pagano，2002）。信贷市场的信息不对称，是指借贷双方不同当事人不能拥有一致对等的信息，借款人对自己的经营状况、资金用途及风险状况等真实情况有比较清楚的认识，而银行则较难获得这方面的真实信息；信息不对称包括事前的信息不对称和事后的信息不对称，事前的信息不对称主要是指在银行与企业签订贷款协议时，对借款人信誉、实力、贷款项目质量、市场前景等方面存在的信息不对称，借款人比银行拥有更多的私人信息，有部分信息不能或不愿提供给银行。实际上，由于对借款人的特征信息掌握不足的问题，银行通常面临着逆向选择，特别是当它涉及有风险的投资时。事后的信息不对称主要是指在银行贷款后，借款人的情况发生变化或借款人做出不同于贷款合同约定的行为选择，而银行得不到相应信息所产生的信息不对称。当贷款人无法控制信贷发放后借款人的行为时，这种担忧更加严重。因此，借款人可能隐瞒潜在投资的收益，以减少违约责任或减少偿还债务。最终，为了让贷款人谨慎对待这些风险，信贷往往具有配给和高利率特征，因而对金融发展、经济增长和企业生存发展有重大不利后果。Jappelli 和 Pagano（2002）认为，通过借贷双方的信息共享，可以起到以下作用：有效配置资本、放松信贷约束和增加信贷市场竞争。借贷双方之间的信息不对称带来了信号博弈，债务融资量与发行新债券的时间点被看成企业绩效的一个信号，而信号减少了市场中的信息不对称。

有关借贷信息不对称的大量文献主要集中于以下两个方面：一是信息不对称对债权人的影响；二是赋予债权人更大信息权利时的影响。前者研究了信息共享提高信贷可获得性（Triki and Gajigo，2014），降低信贷成本（Brown et al.，2009），降低违约概率（Jappelli and Pagano，2002），影响腐败型贷款（Barth et al.，2009），反垄断的干预影响（Coccorese，2012），影响银团贷款（Tanjung et al.，2012）。后者评估了更强大的债权人权利的作用，其中包括资本结构、银行承担风险（Acharya et al.，2011）和股利支付（Brockman and Unlu，2009）等。

2.1.2 代理理论

代理理论，通常也被称为委托代理模型或委托代理理论，被用在组织经济学和管理文献中作为一个理论框架以建构与管理契约关系以及解释委托方与代理人行为。作为一个理论，其焦点是问责制（受托责任），纠正因信息不对称引起的机会主义行为（Alchian and Demsetz，1972；Jensen and Meckling，1976；Sappington，1991），现在已广泛应用于组织之间、董事会和董事、营利组织、公共和非营利组织之间的管理人员与员工等一系列合同关系（Lee and O'Neill，2003）。代理理论遵循的是以理性"经济人"假设为核心的新古典经济学研究范式，其假设前提是，作为股东代理人的经理自利行为与股东价值最大化目标不一致（Shleifer and Vishny，1997）。

在代理理论中，委托人出于成本与专业知识的考虑，选择与代理人订立契约。委托人可能认为，其缺乏生产或服务所需的专业知识或资源，以及雇佣或开发该专业知识（专技）的成本超过了承包的成本。委托人与代理人就契约的相关条款达成一致，包括投入、过程、结果、质量和满意度、监测与绩效报告要求、代理人报酬，以及如果委托人察觉到代理人追求自己的目标而非委托人的目标时，如何惩罚代理人。代理理论的主要内容是信息不对称（当一方拥有信息而另一方不拥有时）、逆向选择或签约前机会主义（当一方对产品或服务的属性比另一方了解更多时，不知情的一方就会冒着购买低质量的产品或服务的风险）、道德风险或签约后机会主义（合同的一方使用信息和专业知识做出有利其自身利益而把合同约定目标排除在外的投机行为）。需要指出的是，委托代理关系不是单向的，正如代理人可能利用信息为自己的利益做出机会主义行为一样，委托人也可以利用代理人不拥有的信息为自己获得超过与代理人合同所规定的目标的利益。代理理论有两个假设：①委托人和代理人之间利益相互冲突，即在委托人权力（官僚与政治的）以及预算/财富最大化行为与代理人效用最大化行为之间存在目标冲突；②委托人和代理人之间的信息不对称。代理人比委托人有更多信息，代理人可以用来牟取私利而不是缔约方之间的集体利益，从而易于导致道德风险问题。争论的重点是，与测度代理行为和结果有关的不确定性与成本问题。

为了解决因上述假设而导致的契约无效（即由于逆向选择与道德风险引起的代理人不可观测行为），以及使代理人行为与委托人行为一致，就需要一个混合激励、制裁、信息系统（如报告程序）和监测的机制。Bushman 和 Smith（2001）认为，解决这种冲突的一个办法是监督，其中一个显著的监督机制是财务信息披露。在代理理论的经济模型中，冲突也能够通过激励与价格机制得以缓解，而在代理理论的政治模型中，政治权力是解决冲突的机制。Frey（1993）认为，监测强度——频率、形式和绩效标准的精度，以及使用其他合同工具可以确保冲突得以缓解，但也可能被视为不信任，导致代理人降低他们的工作努力程度。

代理理论虽然扩展出了不同的理论分支，但这些理论都遵循相同的基本分析逻辑，这就是委托人为了实现自身效用最大化，将其所拥有（控制）资源的某些决策权授予代理人，并要求代理人提供有利于委托人利益的服务或行为。其中，最著名的就是詹森和麦克林（Jensen and Meckling, 1976）开创的代理成本理论。国外关于债务治理的研究文献始于代理成本理论。Jensen 和 Meckling（1976）认为由于企业使用债务，可以降低企业家对外部股权融资的依赖，从而提高企业家剩余索取比例，故债务可以在一定程度上舒缓经理人与外部股东之间的代理冲突（即股权冲突），降低企业代理成本。同时，他们认为债务自身也产生代理成本，因此过度使用负债也将导致企业总的代理成本增加。Jensen

（1986）提出了"自由现金流"假说来进一步分析债务的治理效应，认为由于债务存在按期还本付息的压力，负债的利用以及负债比率的提高可以有效抑制企业因自由现金流过多而发生挥霍浪费以及过度扩张的代理问题。

另外，代理理论也遭受了各种批评，如 Perrow（1986）、Donaldson（1990）认为，该理论是片面的，因为它较为负面地看待代理人的道德和集体行为的自我追求，并专注于获得权力和财富，而忽视了工人的忠诚度、自豪感、对组织使命和目标的认同，并忽略了委托人的机会主义行为。Waterman 和 Meier（1998）声称，该理论的弱点是，就契约关系可以从一种形式转变成另一种形式的方式而言，如科层、合作和相互依存关系的法律等变量与其他变量的相互作用往往没有受到重视。第三个批评是，对契约服务框架而言，代理理论不是一个恰当的框架，不容易测量和观察。

2.1.3 权衡理论

权衡理论和啄食理论是从现代资本结构理论发展出来的两个主流理论。权衡理论认为企业通过平衡债务税收优势与债务导致的财务危机成本来实现股东价值最大化（张文君，2012）。权衡理论认为，通过债务融资的方式在成本（如财务困境成本）与收益（如债务利息税盾）之间求得均衡从而实现最优资本结构，此时所确定的债务比率是债务抵税收益的边际价值等于增加的财务困境成本的现值。债务融资的成本与收益可以通过多种方式实现。首先，"税收-破产权衡"的观点是，企业在债务的税收利益与破产的无谓成本之间进行权衡。其次，"代理理论"的观点是，为避免破产，债务必须偿还，所以债务约束经理人和缓解自由现金流的代理问题（Jensen and Meckling，1976；Jensen，1986；Hart and Moore，1994）。虽然债务减轻了股东-经理人的冲突，但它加剧了股东-债权人的冲突（Myers，1977）。最后，"利益相关者联合投资"观点认为，在一些企业，效率要求企业的利益相关者做出重大的企业专用性投资，但不良的资本结构将导致这类专用性投资减少。理论表明，资本结构可以提高或阻碍利益相关者之间的生产性互动。

权衡理论通过放宽MM理论完全信息以外的各种假定，考虑在税收、财务困境成本、代理成本分别或共同存在的条件下，资本结构如何影响企业市场价值。它包括：

（1）负债的好处：①公司所得税的抵减作用。由于债务利息和股利的支出顺序不同，世界各国税法基本上都准予利息支出作为成本税前列支，而股息则必须在税后支付。②权益代理成本的减少。负债有利于企业管理者提高工作效率、减少在职消费，更为关键的是，它有利于减少企业的自由现金流量，从而减少低效或非营利项目的投资。

（2）负债的局限：①财务困境成本，包括破产威胁的直接成本、间接成本和权益的代理成本。②个人税对公司税的抵消作用。在现实中企业的最优资本结构是使债务资本的边际成本和边际收益相等时的比例。权衡理论认为，负债企业的价值等于无负债企业的价值加上税赋节约，减去其财务拮据成本的现值和代理成本的现值。最优资本结构存在于税赋成本节约与财务困境成本和代理成本相互平衡的点上。

$$V(a) = Vu + TD(a) - C(a) \qquad (2\text{-}1)$$

其中，V 表示有举债的企业价值；Vu 表示无举债的企业价值；TD 表示负债企业的税收利益；C 表示破产成本；a 表示举债企业的负债权益比。

根据权衡理论，Vu 是不变的常量，而 TD 和 C 都是 a 的增函数。在 a 较小时，TD 的增量速度高于 C 的增量速度，此时企业继续举债是有利的；但随着 a 的增加，当 TD 的增量速度等于 C 的增量速度时，企业举债比例达到临界点，此时企业价值最大。

无论是静态权衡模型（Kraus and Litzenberger，1973）还是动态权衡模型（Davydenko and Strebulaev，2007），都承认最优资本结构的存在。在这一框架下，随着公司寻求调整其目标杠杆率，公司财务杠杆就会体现出均值回归[①]（mean reversion）的特性。权衡理论认为市场不完美，如破产和交易成本的存在，使得资本结构是相关的。特别地，动态权衡模型认为，目标负债与可观察负债之间存在差异。企业纠正任何偏离以避免高债务下破产。并且动态权衡模型还认为，一个公司不会总是调整其资本结构，只有调整成本大于偏离最优资本结构的机会成本，公司才会让财务杠杆偏离目标值。公司有一系列杠杆率目标，仅当调整收益补偿成本时，公司才调整它们的资本结构（Leary and Roberts，2005）。公司的高调整速度可能与相对低的调整成本有关，这些成本由外部融资的交易成本构成（Faulkender et al.，2012）。

2.1.4 啄食理论

啄食理论长期存在于规范性研究文献中，Myers（1984）对此有过清晰的阐述。啄食理论的基本假设是，公司有三种资金来源，即留存收益、债务和权益；股权有严重的逆向选择，债务只有轻微的逆向选择，而留存收益可以避免此问

---

① 均值回归是金融学的一个重要概念，指股票价格无论高于或低于价值中枢（或均值）都会以很高的概率向价值中枢回归的趋势。根据均值回归，股票价格总是围绕其平均值上下波动。一种上涨或者下跌的趋势不管其延续的时间多长都不能永远持续下去，最终均值回归的规律一定会出现：涨得太多了，就会向平均值移动下降；跌得太多了，就会向平均值移动上升。

题。从外部投资者的角度来看,股权风险高于债务风险。两者都有逆向选择风险溢价,但股权溢价较大。因此,外部投资者要求更高的股本回报率。从公司内部的角度来看,留存收益是一个比外部融资更好的资金来源。只要有可能,留存收益就会被使用。如果留存收益不足,将采用债务融资。股权只作为最后的融资手段才被使用。因此,啄食理论是从信息不对称角度提出的,认为在外部投资者与内部人存在不对称信息的情况下,为了降低外部融资的成本,企业的融资顺序是"内部资金—债务—股权"。基于不对称信息和逆向选择,啄食理论认为一个公司可观测的债务和股权组合反映了其长期积累的融资决策,内部融资优于外部融资,债务融资又优于股权融资(Myers and Majluf,1984;Myers,1984)。啄食理论认为,投资机会与债务之间存在正相关关系,并承认资本结构是源于经理人与投资者的信息不对称。虽然啄食理论认识到,经理人是理性的,但与代理理论不同的是,经理人的行为不必然是机会主义的,在成熟期,债务不再对经理人发挥相同的规范作用(Kayo and Kimura,2011)。

和权衡理论不同的是,啄食理论并没有对最优资本结构进行定义,而是明确地指出公司的资本结构是由公司长期融资需求和对逆向选择成本最小化的要求所决定的。因此,啄食理论是一个没有最优杠杆率概念的资本结构理论。啄食理论解释了为何大量的外部融资来源于债务,同时也揭示了盈利更多的公司债务较少的原因。主要是由于盈利较多的公司拥有更多的留存收益,而不能说公司的目标债务比例较低,而盈利较少的公司对外部融资的需求更大,所以其债务比例较大。

2.1.5 融资契约模型

企业融资过程实质是企业产权主体之间关于资金各种权利和责任的契约缔结过程。与传统新古典财务理论不同,产权理论将企业融资契约的缔结过程视为企业控制权配置或争夺过程,其逻辑结果是融资契约的基本结构反映企业所有权结构或者企业治理结构的一般特征。

融资契约的缔结过程为控制权配置或争夺过程,最早持这种观点的是形成于20世纪80年代末90年代初的资本结构的控制权学派,其理论学说主要有H-R模型(Harris and Raviv,1991)、Stulz模型(Stulz,1988)和Israel模型。由于这些理论模型对企业控制权配置的考察基本上仅停留在企业初始缔约阶段(即首期)融资契约安排与控制权争夺的关系,而未能追究履约阶段中控制权的动态博弈,因此被称为静态控制权模型[①]。

---

① 说其为静态控制权模型,其实是比照 Ahiong 和 Boltle 的两期以及后来多期控制权配置的融资契约理论而言的。

理解融资契约缔结的静态控制权模型的关键点主要有两个方面，一是企业控制者控制企业的收益来源；二是债务契约的作用。首先，Harris 和 Raviv（1988）将公司控制权拥有者[①]控制企业的收益分解为两个方面：一是控制者持有公司股份数量本身带来的分红派息以及股票的市场资本利得（价差）；二是控制者利用控制权获取的那些隐性收益，如在职消费、内在满意度、经理市场上人力资本的增值等。前者均可用货币计量，而后者很多时候是一种抽象的收益，因此，前者往往被称为货币收益，而后者被称为非货币收益或控制权收益。企业作为一个契约组织，其缔约主体是否获取企业控制权是基于成本收益的比较，具体是通过对控制权的获取成本（如收购溢价）与控制后包括货币收益和控制权收益的总收益所进行的权衡。这意味着控制权窥觎者（如收购者），通常会愿意花费比控制权获取后的货币收益贴现值更高的成本来争夺公司的控制权。相反，那些企业控制权的既得者愿意放弃控制权给他人，其获取的收益（包括部分收购溢价的资本利得和仍保留股份可能因企业效率提高而增加的价值）应能抵补控制权收益。事实上，由于企业控制权既得拥有者对控制权收益有较高的预期，通常情况下会采取不同形式的壕沟来抵御外来的控制权争夺。但是，这种抵御努力的前提是控制权收益不为零。对于收购者而言，其做出收购愿意付出的溢价也仅限于未来控制收益的贴现值。

其次，债务契约在控制权模型中的作用非同小可。对于企业现有控制者而言，对待债务的态度暧昧，既爱又恨。一方面，当企业控制权受到外在收购者的威胁时，企业现有控制者使用债务契约举债，既可在避免使用股权契约稀释控制权情况下缓解资金压力，又可以用债务契约筹集资金回购那些对公司表决权不感兴趣的投资者持有的股票，以提高自己的持股比例。同时还可以作为一种减少公司自由现金流量的毒丸策略，使收购者望而却步。另一方面，债务契约的"硬治理"效应，在抵御外来威胁的同时也给现有控制者利用控制权攫取在职消费、挥霍自由现金流量等带来约束，到期无法偿还的债务可以强迫企业破产，如同一柄达摩克利斯之剑，高悬在头，一不小心便可能掉下来。债务契约治理的刚性特征大大压缩了现有控制者的控制权收益。因此，当企业受到收购威胁时，究竟采用多大程度的债务契约进行融资交易，完全取决于企业控制者的控制权收益变化的衡量。换言之，在使用债务契约抵御外来收购过程中，现有控制者能够承受成本增加的最大限度就是控制权所享有的控制权收益。这种权衡不仅决定了企业控制权是否转移（或者收购是否成功），也决定了企业融资契约的缔结及其结构（也即资本结构），同时也决定了潜在控制者收购方式（雷新途，2009）。

[①] H-R 模型、Stulz 模型、Israel 模型中企业控制权拥有者是指拥有股份的管理者。事实上，企业实际控股股东也适合这里的控制者身份。因此在这里统一称之为企业控制者或公司控制权拥有者。

现以 H-R 模型为例。设控制权收益为 CB，现有控制者持股比例为 k，债务为 D，股权为 E，企业价值为 V。企业权益价值等于企业价值与债务价值之差，即

$$E(D) = V(D) - D \tag{2-2}$$

企业现有控制者 F 控制企业的总收益，包括股权价值（即货币收益）和控制权收益两部分，且均为债务的函数，即

$$V_F(D) = kE(D) + \mathrm{CB}(D)$$

其中，
$$\frac{\partial \mathrm{CB}}{\partial D} < 0 \tag{2-3}$$

假设从公司最初完全使用股权契约融资开始，企业现有控制者 F 拥有一定的股份 k_1，等额股权拥有相同的投票表决权。F 为抵御外来收购而举债 D，并且用来全部回购外部股票，假设无任何交易费用，则 F 控制权由 k_1 增加到 k_2，即

$$k_2(D) = \frac{k_1 V(D)}{E(D)} \tag{2-4}$$

此时公司外部股票减少。设 C 为外来收购者，则其能够获取的最大控制权比例为 $1-k_2$，但由于收购价格和投入资金的限制，收购者并非能一如其愿，假设收购者投入资金为 M，则收购者控股比例的函数为

$$k_C(D) = \min\left[\frac{M}{E(D)}, 1 - k_2(D)\right] \tag{2-5}$$

对收购者控股权起着决定作用的现有控制者的收益目标函数为

$$V_F = \max_{D>0} k_F E(D) + \mathrm{CB}(D) \tag{2-6}$$

同时，控制者对公司的管理能力也是影响控制权是否转移的因素之一，设 t 为管理水平，t_F、t_C 分别为企业现有控制者和外来收购者的管理水平（假设现有控制者、外来收购者和外部股东之间信息对称），设 $\pi_t(p)$ 为给定控制者的管理水平时，外部股东愿意将票投给控制者的概率，也表示有 $\pi_t(p)$ 比例的外部股东支持控制者。若 $t_F > t_C$，则 $\pi_F(p) \geq \pi_C(p)$。当然，影响控制权是否转移最重要的因素还是负债。最终，控制权是否转移可能有三种情况。

第一种，控制权不转移，现有控制者仍然掌握着企业控制权，债务契约使用程度必须满足下面条件：

$$k_2(D) + \pi_F(p)(1-k_2) \geq 0.5 \tag{2-7}$$

第二种，控制权转移，收购者成功获取企业控制权，债务契约使用程度必须满足下面条件：

$$k_2(D) + \pi_F(p)(1-k_2) < 0.5 \tag{2-8}$$

第三种，双方均未能获得足够表决权，形成代理权竞争格局，此时债务契约使用程度必须满足下面条件：

$$k_2(D) + \pi_F(p)(1-k_2) < 0.5 \text{ 且 } k_C(D) + \pi_C(p)(1-k_2) < 0.5 \quad (2-9)$$

H-R 模型总结了企业控制权与融资契约安排的定理[①]：

（1）企业使用债务契约进行融资交易可能是由对企业控制权的竞争而引起的。上述三种情况均表明一旦出现控制权竞争，企业的债务均有不同程度的提高。

（2）现有企业控制者要想成功地维持企业控制权，则可能使用更多的债务契约进行融资交易，因此，控制权没有发生转移的企业要比控制权转移的企业债务程度高，甚至也比控制权有部分转移、形成投票表决权代理竞争格局的企业的负债要高，这进一步说明债务契约的使用与控制权密切相关。

（3）出现投票表决权代理竞争格局的企业，最终成功获得企业全部控制权时要比无任何一方取得全部控制权时的企业债务多。

同 H-R 模型有异曲同工之妙，Stulz 模型（Stulz，1988）也将企业融资契约安排与企业控制权以及企业价值联系起来。其基本逻辑线路如下：融资契约安排（即是否使用债务契约以及使用程度）影响到企业控制权的配置或分布。后者与企业价值是相关的，"存在一个使企业价值最大化的最优的企业控制权比例"（Stulz，1988），因此，也存在一个使控制权达到最优的融资契约安排。但是，Stulz 模型中并未将控制权配置与融资契约安排的关系内容公式化。如果说这两个模型有何不同的话，那就是它们分析的角度不同。H-R 模型是站在企业现有控制权的拥有者对利用债务契约来抵御控制权转移的成本和收益之间进行静态权衡的角度来确定企业融资契约安排的，而 Stulz 模型则是从外部收购者支付给外部小股东要约收购股份的收益和成本之间进行静态权衡的角度来确定企业融资契约安排的（孙杰，2006）。

与 H-R 模型、Stulz 模型一致，Israel 模型也是从企业现有控制者和外部收购者之间就企业控制权进行的博弈而间接影响到企业融资契约安排这一视角，将企业融资缔约理论与控制权市场理论结合起来。Israel 模型的逻辑线路有其特殊性，该模型认为，债务契约通过影响现金流在"无投票权的证券"和"有投票权的证券"之间的分布而造成"收购协同利益"在现有企业控制者和收购者之间分配而左右企业控制权是否发生转移。对于现有控制者是否采用债务契约来维持控制权完全取决于债务契约的使用带来的价值增加效应和价值减少效应的相互权衡（李世辉和雷新途，2012）。

---

① H-R 模型得出定理1和定理2，其中定理1应用于企业控制权市场，定理2则是关于融资契约安排的结论。

2.1.6 市场择时假说

按照 Myers（1984）的说法，市场择时是一个相对陈旧的想法，在学术文献中又有了新的流行。在一项匿名调查中，经理人承认了市场择时。Graham 和 Harvey（2001）发现三分之二的 CFO（chief financial officer，首席财务官）同意在发行股票时"股票被低估或高估的数额是一个重要的或非常重要的考虑因素"。Hovakimian 等（2001）发现，公司在股票价格上涨后倾向发行股票。Baker 和 Wurgler（2002）认为，企业融资最好被理解为企业过去捕捉市场时机所做出努力的累积效应。

市场择时的基本理念是，经理人审视着债务与股权市场的当前条件。当他们需要融资时，他们所使用的任一市场在当前来看是最有利的。如果两个市场都不利，他们会推迟发行股票或债券。如果当前条件看起来非常有利，即使企业目前没有资金需求，企业也会大量融资。

尽管市场择时的观点看上去很合理，但它没有提及传统公司杠杆研究中的大多数因素。然后，市场择时假说确实表明，股票回报和债务市场状况将在资本结构决策中发挥重要作用。

股票市场择时的本质就是指在高价时发行股票，在低价时回购股票。在实践中，股票市场择时是公司财务政策的一个重要方面。股票市场择时假说假定资本结构决策受行为驱动，因此当市场条件有利时，公司试图盯住股票市场发行股份（Baker and Wurgler，2002）。

2.2 国外研究现状

2.2.1 资本结构的公司特征因素

资本结构决定因素是国外学者长期以来关注的研究问题，且长久不衰。但是现有文献却没有对此提供一个一致的框架，因为没有哪一个模型列出了一个完整的决定因素变量。概括起来，影响资本结构的公司特征变量有成长机会、投资、公司规模、收益波动性、目标资本结构的偏离度等。Drobetz 和 Wanzenried（2006）研究发现，各类公司特征变量影响资本结构调整速度。Dang 等（2014）发现，在金融危机期间，融资约束更严重的公司，包括那些高增长、大投资、小规模、收益波动的公司向目标资本结构调整的速度更快。

1. 企业规模

学者们普遍认为,企业规模(大小)是企业债务或股本融资能力的一个重要的决定因素,大多数研究表明杠杆和规模之间正相关。Bunkanwanicha 等(2008)发现,在亚洲金融危机之前及期间,企业规模是印度尼西亚企业资本结构的重要决定因素。这一基本结论的最重要含义是,大企业的信息不对称情况没有小企业的严重,大企业通常比小企业有更好的外部融资机会,因为它们信息不对称的程度与代理问题程度较低。在早期的研究中,对债务与企业规模之间正相关的解释如下:大企业能够在更广泛的基础上进行多元化投资,生产也可避免暴露在周期性波动中;基于财务困境成本的认识,即大企业面临更低的破产成本且有多元化投资组合(Rajan and Zingales, 1995)。权衡理论认为企业规模有积极的资本化效应。同样,啄食理论假定由于企业更加多元化而收益波动小,由信息不对称引起的问题能够得到缓解。普遍接受的假设是,就大企业而言,规模与债务正相关。以前的假设是,大企业可能有更好的偿债能力。Byoun(2008)认为,大企业更加透明,有更高的债务水平,债务品种的多样化可以节省债务发行成本。相反,对小企业来说,金融制度导致了更高的利率(Pereira Alves and Ferreira, 2011),并且小企业的规模与债务负相关(Bas et al., 2010)。

大企业更成熟,拥有更多的固定资产和更高的营利能力。因此,面临更低的杠杆调整成本。这些观点认为,公司规模与调整速度之间正相关。可是,大企业可能使用了更多的公共债务,其调整成本更高(Flannery and Rangan, 2006)。而且,由于较低的财务困境成本、较低的现金流波动和较少的债务契约,它们实现目标杠杆率的压力较小(Dang et al., 2014)。换言之,由于偏离最优债务水平的机会成本更低,大企业调整资本结构的激励就更小(Elsas and Florysiak, 2011)。因而,一个替代假设是,大企业比小企业具有更低的调整速度。

2. 流动性

第二个重要的公司特征因素是流动性,即流动资产与流动负债之比。大量研究认为,财务杠杆和流动性之间存在负相关关系,因为偿还债务意味着较少的流动资产。Lipson 和 Mortal(2009)分析了公司资本结构对流动性的影响,认为两个变量(流动性与资本结构)之间呈负相关关系。大量研究也认为,财务状况良好的公司(即破产概率低)倾向较低的债务水平(Byoun, 2008; Kayo and Kimura, 2011)。

3. 营利能力

公司收益对债务的影响存在相互冲突的理论预期。根据啄食理论,企业融资秩序是留存收益、负债与发行股票。因此，啄食理论认为公司营利能力与负债之间是负相关关系。大多数研究已经证实了债务与营利能力之间的负相关关系（Titman and Wessels，1988；Rajan and Zingales，1995；Booth et al.，2001；Fan et al.，2012）。由于这些企业在外部资本市场融资的机会有限，它们向目标杠杆率的调整会更慢（Dang et al.，2014）。根据权衡理论，代理成本与破产成本使更多的盈利企业具有更高的账面负债，因此，营利能力与负债之间是正相关关系。营利能力强的企业很少面临破产，因此更有动机举债以获取抵税收益或是提高公司的业绩（Jensen，1986；Frank and Goyal，2003）。Davydenko 和 Strebulaev（2007）认为，权衡理论预测利润的作用要比静态模型更复杂。Chen 和 Zhao（2005）认为交易费用与税收原因都不能合理解释营利能力与杠杆率之间的负向关系。因此，是何种因素引起利润与负债之间的关系还不清楚。

4. 有形资产

Titman 和 Wessels（1988）、Rajan 和 Zingales（1995）、Fama 和 French（2002）认为，有形资产是另一个影响企业资本结构的重要因素。权衡理论认为有形资产与负债率之间正相关。因为有形资产可以作为担保物，企业拥有很高比例的固定资产能够提高借贷能力。大量研究认为，资产的有形性与债务之间存在正相关关系（Titman and Wessels，1988；Rajan and Zingales，1995；Booth et al.，2001）。van der Wijst 和 Thurik（1993）认为，长期债务与资产的有形性有密切关系。如果企业面临融资约束，资产有形性是特别重要的。可是，Almeida 和 Campello（2007）却认为资产有形性对企业融资约束并不重要。有形资产与负债水平显著负相关（和短期债务），与长期债务正相关（Bas et al.，2010）。Matemilola 和 Ahmad（2015）分析了固定资产和商誉资产对南非企业债务比率的影响，认为商誉资产是债务的决定因素之一，因为银行在向企业发放信贷之前会接受商誉资产或固定资产作为抵押物。Loumioti（2012）发现 21%的抵押贷款把无形资产（如商誉）作为贷款抵押品。

5. 成长机会

代理理论认为，成长机会与债务呈负相关关系。因为：①财务危机成本随预期增长而增加，迫使管理者降低资本结构中的负债（权衡理论）；②公司发行股票而不是发行债券导致较高预期增长（信息不对称）；③如果企业需要外部融资，它们会在发行股票之前发行债券（啄食理论）。因此，成长机会与杠杆率负相关。另外，债务扮演了一个"惩罚"作用，减少了经理人的机会主义行为（Kayo and Kimura，2011）。债务在激励经理人更加有效这一方面起到了关键作用（Jensen，1986）。总之，代理理论认为，经理人的理性与机会主义行为损害了股东利益使自身利益最大化,而债务能够起到约束这种行为的作用,这又使得企业以较少的投资机会和较高的现金流更多地利用债务(Kayo and Kimura,2011)。高成长前景的公司通常是新公司、有限的盈利和较少的留存收益,这迫使它们主要依赖于外部资金满足投资。频繁依赖外部资本市场意味着负债调整成本相对小,因为这些成本能够由发行的证券所分摊(Faulkender et al.,2012)。更重要的是,通过外部融资活动,高成长企业能够选择一种合适的负债与股权组合,以迅速解决对目标资本结构的偏离(Drobetz and Wanzenried,2006;Dang et al.,2014)。因此这些研究认为,成长机会与调整速度之间存在正相关关系。可是,相反的观点却认为,有限成长机会的企业倾向选择成熟且资本成本较低的行业。因此,这些企业能够比高成长企业以更快的速度调整它们的资本结构。而且,拥有大量现金流的低成长企业易于采取高负债的财务政策以缓和过度投资问题(Jensen,1986)。然而,高负债引起的潜在过高财务困境成本为它们调整资本结构提供了动机,特别是当处于过度负债时。这些研究意味着,成长机会与资本结构调整速度负相关。市值比账面值是表示成长机会的最常用替代变量。Pereira Alves 和 Ferreira(2011)采用市值比账面值表示企业的成长机会,发现存在两种相关关系(正和负),表明市值比账面值对债务的影响是不确定的。

6. 股利支付率与股价

股利支付率也可能在形成企业财务决策方面扮演重要角色,原因主要是市场的不完美。Miller 和 Rock(1985)表明,公司的股利政策和融资政策密切相关。资本结构与股利政策关系的方向和意义应取决于信息不对称、代理成本、股权结构和公司所在国税收法律的净影响。根据啄食理论,经理和外部投资者之间的信息不对称迫使管理者折价出售股票,这意味着股票价格绩效(stock price performance,SPP)和杠杆比率之间存在反比关系。

7. 收益的波动性

根据权衡理论,收益的波动性与负债率呈负相关关系。可是,如果高收入的变化使得投资不足问题不严重(从而降低债务代理成本),则收益的波动性与杠杆率之间是正相关关系(Cools,1993)。由于存在不能产生足够的收益用于偿还到期债务的风险,收益波动的企业将面临借贷约束(Antoniou et al.,2008)。

8. 所有权结构与经理人持股

代理理论认为,最优债务结构与所有权结构可以减少代理成本(Jensen and Meckling,1976;Jensen,1986)。该理论提到了两种类型的利益冲突:股东与经理人的冲突、股东与债权人的冲突。所以,可以预期所有权(包括经理人股权）结构与债务之间存在某种关系。理论上，Leland 和 Pyle（1977）发现债务与经理人所有权正相关。可是实证却得到了较复杂的结果。Berger 等（1997）证实了两者之间的正相关关系，虽然所有权结构被认为对资本结构有影响，但没有发现所有权结构与资本结构之间清晰的关系。

9. 其他因素

Bronars 和 Deere（1991）发现负债率与行业工会化率有正相关关系。Matsa（2010）发现债务随工人谈判力的增加而增加。Kale 和 Shahrur（2007）认为债务与供应商聚集度正相关。Banerjee 等（2008）发现债务与对专门投入的依赖负相关。Kim（2012）发现人力资本的专有性与公司债务负相关。Agrawal 和 Matsa（2013）发现低劳动力失业风险会增加公司的债务。企业需要外部融资，由于调整成本能够被外部融资成本分担，这将为它们提供适当的机会去调整资本结构（Faulkender et al.，2012）。这意味着，投资与调整速度正相关。可是，如果资本支出大部分是由内部资金满足的话，这将减少未来用于调整负债的留存收益（如股份回购和偿还债务）。有研究表明，公司年龄也影响负债率，自公司成立以来的时间，在资本结构决定中起重要作用。大公司有更长的记录，因此有较高的声誉值。根据 Harris 和 Raviv（1991）的总结，企业杠杆率随着固定资产、非债务税盾、投资机会和企业规模的增加而上升，随着市场波动性、广告支出、破产概率、营利能力和产品单一性的增加而下降。

2.2.2 资本结构的宏观因素

1. 宏观经济环境

大量研究已经证实，宏观经济环境对公司资本结构产生重要影响（Covas and den Haan，2011；Erel et al.，2012）。经济周期变量对动态资本结构调整产生重要影响（Drobetz and Wanzenried，2006；Cook and Tang，2010）。经济危机对公司财务政策具有重要影响（Campello et al.，2010；Ivashina and Scharfstein，2010；Duchin et al.，2010；Campello et al.，2011）。Dang 等（2014）扩展了这方面的研究，他们使用 2002~2012 年美国公司的数据，研究发现全球金融危机以及相应的信贷冲击对公司资本结构及其调整速度有负面影响。他们认为在不同的融资模式下，资本结构的调整速度、目标杠杆率及其影响因素之间的长期关系可能是异质的。Booth 等（2001）发现发达国家的企业资本结构决策受相同企业特征因素的影响；之后，他们还发现，国家特定的因素，如 GDP 增长和资本市场发展对企业杠杆率的影响方式有差异。Fan 等（2012）分析了 39 个国家的样本，发现一些国家特定的因素，如银行业的发展程度及股票和债券市场对企业资本结构有重大影响。

2. 税收

高税率提高债务的利息税收效益。权衡理论预测，为了更好地利用利息税盾，企业将在税率较高时进行更多的债务融资。在金融经济学中有两个旧议题：税收影响公司资本结构选择吗？如果影响，其经济影响有多大？尽管对于为什么税收如此重要已经有了很多的理论解释（Modigliani and Miller, 1963），但早期实证研究并未得出令人乐观的结果。可是这并没有阻碍学者们进一步探讨税收与资本结构关系的热情。Graham（2000）指出，从实证角度来看，税收对资本结构的影响程度不大。而且，现有关于税收与资本结构关系的证据主要是横截面的。Graham（2000）表达了如下失望：没有发现有研究探讨债务使用过程中与税收有关的时间序列效应。现有文献中重要宏微观特征因素与资本结构的关系如表2-1所示。

表2-1 现有文献中重要宏微观特征因素与资本结构的关系

影响因素	理论基础	与资本结构的关系
营利能力	权衡理论	正/负
	啄食理论	负
企业规模	权衡理论	负
	啄食理论	正/负
成长机会	权衡理论	负
	啄食理论	正
有形资产	啄食理论	负/正
	权衡理论（"利益相关者联合投资"观点）	负/正
税收	权衡理论	正
宏观经济形势	啄食理论	负

2.2.3 债务过剩成本估计

融资需要付出成本，根据资本结构的权衡理论，最优资本结构应是债务边际收益等于边际成本时的资本结构。传统的债务成本研究以小样本为对象，并专注于债务事后成本的一个子集。例如，Weiss（1990）以37家公司为样本，估计直接破产成本仅为公司价值的3.1%。Bris等（2006）估计了纽约州和亚利桑那州申请破产的212家公司的事后破产法律成本，在他们的样本中，直接费用平均约占资产价值的9.5%。对过度债务的研究由来已久，可以追溯到20世纪50年代关于资本结构决策是否存在最优资本结构的问题上。那么企业债务过剩成本又包含哪些内容？具体成本会是多少？最经典的 MM 理论指出，在无税情况下企业的价值与资本结构无关。Modigliani 和 Miler 于 1963 年对 MM 理论修改后提出，在有税的情况下，由于税盾效应的存在，企业的负债率越高，价值越大；这似乎为债务过剩进行了辩护，然而这是建立在无破产风险、无交易成本及有效市场假说的基础之上的，因此这也是 MM 理论遭到诸多诟病的地方；显然这是不现实的，因为按其假说则 100%负债率的公司价值最大，然而全负债的公司在市场上是很难幸存的，会被嗤以"空手套白狼"的恶名，更别谈企业价值何在。

现有文献已经对债务过剩成本进行了估计（Parrino and Weisbach，1999），这些文献对债务过剩问题的量化结果是不超过公司价值的 1.54%。Andrade 和 Kaplan（1998）对 31 个高杠杆的公司样本进行了估计，发现当出现危机时的财务困境成本为公司价值的 10%~20%。Titman 和 Tsyplakov（2007）报告了股权价值最大化公司和整体价值最大化公司与无税收无杠杆的企业价值相差约 2.1%；短期债务过剩成本约占无税收无杠杆企业价值的 5.9%，五年期的长期债务，其过剩成本则减至 2.2%。债务过剩的成本主要表现为破产成本。Titman（1984）在其开创性论文中指出，财务困境可能导致间接成本。他的模型显示，高债务率潜在地减少了长期商品的销售，因为对破产清算的预期使顾客认为零部件和服务的成本更高。Carlson 和 Lazrak（2009）认为，由于资产替代增加的企业风险产生足以抵消债务的税收利益的成本。Moyen（2007）测度了长期债务和短期债务的过剩成本，研究发现，当股本投资可逆时，债务过剩问题更大。Berk 等（2010）发现，更高的企业杠杆增加了劳动风险，从而带来更高的工资给付，这一后果应被考虑为债务成本。

在 2008 年金融危机前的经济膨胀期，企业资产负债表的增长主要是企业通过负债融资使得它们的债务水平显著增加，而资产价格和价值在金融危机期间突然下跌，使得企业的负债率严重恶化。

许多经济学家已经指出，公司资产负债表的缺点是限制了企业支出和投资，反过来又阻碍了经济增长与复苏。过高的债务水平通过几个方面抑制支出与投资。例如，拥有高负债水平的企业必须花费更多的现金流来偿付利息，这样用于支出的部分就更少。公司修复资产负债表的意愿可能进一步削弱支出。拥有脆弱资产负债表的公司很难为新的投资项目筹集外部融资，或者当它们从外部融资时，必须付出更高的利息，这样就增加了投资成本。一个特别重要的投资阻碍渠道是现有的债务过剩扭曲了公司的投资激励，导致它们的投资要小于低债务状态时的最优投资水平。

2.2.4 债务过剩的扭曲效应

Myers（1977）发现如果一个企业的资本结构中有高风险债务时，代表股东利益的经理可能拒绝正净现值的投资机会，从而导致无效投资决策。当一个企业资产负债表上的现有债务负担太重以至企业面临很高的违约风险时，债务过剩问题就会出现。这反过来又引起债务的市场价值大幅低于其账面价值。当这种情况出现时，债务过剩将扭曲企业的投资激励，导致它放弃其他有利可图的投资机会。

这种情况下的企业投资不足与谁是投资决策者、谁是投资回报的受益者有关。股东可以决定是否为新的投资项目进行融资，但他们不得不从企业价值的增值部分中分一杯羹给企业的债权人，这是因为企业的债务价值将同时增加。如果一项新的投资对债权人而不是股东有更大的好处，那么对股东来说，投资就不那么有吸引力了。

从股东的角度来看，债务过剩扭曲就像向新投资项目增加了企业价值征税一样，这可能导致股东放弃有正净现值的投资机会，进一步引发财务风险，即企业违约风险可能导致其投资不足。

不但现有的债务过剩抑制投资，而且未来债务过剩的可能性也会削弱当前的投资。当一个企业有投资决策的选择权时，它面临未来债务过剩情形的风险可能导致它推迟正净现值的项目。这种推迟使企业在等待财务不确定性得到解决后才执行项目，在这种情况下，正是企业未来财务能力不确定性导致了投资不足。

债务过剩也会扭曲不同风险的投资组合。尽管债务过剩抑制安全投资，但它事实上也可能鼓励更大风险的投资。在其他条件相同的情况下，股东有执行风险项目的动机，因为投资结果有一定的偶然性与运气性，那么股东能够从幸运的投资结果中得到好处，而债权人却承担了风险。

债务过剩的影响不仅限于投资决策，它也限制了公司的其他活动和决策，这些活动和决策影响着企业的现时成本与未来价值，如公司经理和高管的工作与努力、雇佣决策、提升产品品质与增加销售的支出。例如，当一个企业决定是否雇佣时，它会权衡目前的寻找、招聘和培训成本与新员工带来的收益。正如债务过剩可能导致企业投资不足或延缓投资一样，它也可能使企业限制或延迟招聘。

不过，一些因素也减轻了债务过剩的扭曲后果。例如，保持声誉和进入金融市场的意愿给企业提供了一个避免违约的激励，这有利于鼓励投资。破产的巨大成本也有相同的缓和效果。可是，证据显示，债务过剩的扭曲后果要更大。

1. 债务过剩的影响

大量文献已经从实证角度研究了债务过剩的影响。Myers（1977）在其开创性文献中强调了有风险的长期债务引起投资不足问题。Hennessy（2004）则指出债务过剩扭曲投资水平和投资结构。在 Hennessy（2004）的理论模型中，债务过剩在企业的投资价值与股东价值之间形成了一个楔形。Hennessy 等（2007）、Chava 和 Roberts（2008）进一步通过实证研究发现，债务过剩对投资有显著负面影响。其中，Hennessy 等（2007）证明了债务过剩扭曲的重要影响，特别是对陷入财务困境的企业而言更是如此。他们发现，企业债务比率（长期债务与资产之比）每增加 1%，债务过剩减少投资水平 1%~2%。对债务过剩影响的这一估计是巨大的。这意味着，债务比率每增加 10%，将引起投资水平下降 10%~20%。

Occhino 和 Pescatori（2010）从宏观经济的视角发现，债务过剩的扭曲放大和传播了经济冲击对总需求与总供给的影响。除了标准的紧缩效应外，不利的宏观经济冲击削弱企业的资产负债表，进一步加大债务过剩的扭曲后果并弱化企业的投资激励。由于这种叠加效应，对经济的负面冲击影响将更大、更持久。例如，由于债务过剩扭曲产生的传导机制，生产率冲击对投资和产品的影响几乎成倍产生，并且会持续数年。鉴于债务过剩扭曲对公司投资、招聘、支出和努力水平的影响很大，债务过剩可能是制约经济复苏的重要因素。

在某种意义上，有效的资本配置表明盈利部门要比不盈利部门获得更多的资本，这是宏观经济学要探讨的基本问题之一。经济学家认为，无效的资本配置是日本 20 世纪 90 年代（也称"失去的十年"）经济长期停滞的原因之一（Caballero et al., 2008）。Hoshi 和 Kashyap（2004）最先注意到日本 20 世纪 90 年代随着土地价格持续下降，房地产行业的贷款份额不断增加的现象，认为存在不良贷款展期。债务过剩假设认为，由于现有债权人与新债权人或股东之间的利益冲突，过度负债的公司面临再融资的困难（Myers, 1977; Myers and Majluf, 1984）。因而，这些企业不能进行任何有利可图的投资项目。

Occhino 和 Pescatori（2010）研究了财务扭曲对宏观经济的影响，财务扭曲表现为当公司已有债务过剩时对公司投资决策的拖累。当公司负债累累以至对现时债务有违约风险时，可以预计的是，任何新投资的边际收益将被违约事件中的债权人获取。因此，违约概率越高，企业期望从投资中得到的边际回报越低，其投资激励越小。违约概率就像税收一样抑制投资，正是这种投资创造了一个社会最优投资水平和公司的私人最优投资水平的楔形分离。次优的投资选择源于一个事实，公司不能将其投资的积极影响内化为在违约事件中对债权人的收益。Myers（1977）在其创始性文献中谈到了现有的公司债务如何导致次优投资决策。Stein（2003）很好地概括了债务过剩扭曲，"公司资产负债表上巨大的债务负担阻碍了进一步的新的投资……这是因为如果现有的债务以低于面值进行交易的话，就如同是对新投资的收益征税一样：新投资产生的价值增量的一部分就会流入贷款人整体，因此无法给予投资人回报"。

债务过剩的影响不仅局限于物质资本投资决策，它也阻碍其他选择，如经理人和高管的努力、雇佣决策和用于维护改进生产和销售的各种支出。Myers（1977）强调了债务过剩扭曲了广泛的自由裁量决策范围："自由投资可能是厂房与设备的维护、可能是广告宣传或其他市场支出或原材料、劳动力、研发的支出等等。所有的变动成本都是自由裁量投资……这不只是一个维护厂房和设备的问题。还有持续不断的广告、销售、增效、新技术合作、招聘培训员工的努力等。所有这些活动都要求可自由支配的支出。它们是公司可做可不做的选择权，这些决定行使与否取决于已向公司债权人承诺的付款规模。"

特别地，当一个公司决定是否雇佣时，它要权衡当前的搜索、招聘、培训成本与引入新员工后所产生的未来收益。正如债务过剩导致公司对物理资本的投资不足一样，它也约束对劳动力的投资。

研究发现，债务过剩扭曲很自然地产生于这样一种环境，即有限责任公司在资本与人力上的投资是不可契约性的（因为投资是不可契约性的，从而是沉没的，由投资所创造的收益将在再谈判阶段被非投资方所攫取）。例如，债务契约并不规定或取决于公司的未来投资和雇佣决策。这种摩擦生产了一种道德风险环境：公司不可契约性的投资选择（代理人的隐藏行动）影响贷款人（委托人）的收益。

在工作中有两个正反馈循环机制，并且都是通过违约概率起作用的。首先，在静态反馈放大机制中，导致增加违约可能性的冲击加速了债务过剩扭曲，减少了投资；反过来，一个低的投资水平进一步增加了违约概率。其次，在动态反馈传播机制中，导致增加违约可能性和减少投资的冲击对公司资本有持续的负面影响，随着时间的持续推移，增加了违约概率。通过这些机制，生产力和政府支出冲击增加了违约的可能性，加速了债务过剩扭曲，因而对投资有更广泛、更持久的负面影响。

公司金融的实证研究强调了企业债务过剩影响定量分析的重要性。Hennessy（2004）研究认为，债务过剩扭曲投资水平与投资组合，特别是长期资产的投资不足更为严重。他发现，不管公司能否发行更多的抵押债券，都存在统计上显著的债务过剩影响。Hennessy 等（2007）利用企业层面的数据，研究各种信用摩擦，证明了债务过剩对投资的拖累幅度是很大的，尤其是困境企业（违约概率高）。Moyen（2007）则测度了大量的长期债务过剩成本与短期债务过剩成本。

公司金融与国际金融文献（Krugman，1988；Bulow and Rogoff，1991；Obstfeld and Rogoff，1996）已经认识到债务过剩的影响，但这些研究关注的是导致公司投资成本或直接约束投资水平的金融摩擦。一方面，沿袭了 Kiyotaki 和 Moore（1997）的金融摩擦文献，假设无担保贷款没有可执行力，贷款被完全抵押与无违约发现之间存在均衡。因为抵押品价值观是顺周期性的，信用约束在扩张过程中约束较少，从而导致信贷周期。另一方面，大多数金融摩擦文献关注贷款人与企业之间的信息不对称所引起的代理成本如何影响信用成本和投资。Philippon（2009）研究了多元市场中债务过剩关联如何放大冲击及导致多重均衡失衡，政府在债务过剩重新谈判过程中如何通过救助与其他政策促进效率。Occhino 和 Pescatori（2010）首次在一个标准的商业周期框架里研究了债务过剩减少投资，以及定量评价了冲击所产生的放大和传播机制。

也有大量文献研究负债率与企业价值或绩效之间的关系（McConnell and Servaes，1995；Driffield et al.，2007）。此外还有一些文献讨论了对最优资本的偏离是如何影响生产率增长的。Coricelli 等（2009）的研究认为杠杆率和全要素生产率增长之间存在密切的联系，而且这种联系很可能是非线性的。杠杆率增加可以降低外部权益的代理成本，并通过激励管理者以股东利益为行动原则增加公司价值（和效率）（McConnell and Servaes，1995）。因此，更高的杠杆率可能与更高的全要素生产率相关。Coricelli 等（2009）进一步认为，适度的杠杆率无疑会提高资本存量及产出水平，而过高的杠杆率可能要对需求不足和错误意外下的经济脆弱性负责。这是因为过度的杠杆率可能会导致企业的财务困境，甚至是在不利经济冲击下的破产。过度负债的不利影响，对更有效的/有利可图的公司可能是不太严重的，因为对它们来说，财务困境的预期成本可能较低。

债务过剩影响的消失速度与投资水平恢复正常的速度，取决于去杠杆化的速度及企业资产负债表被修复的速度。在债务过剩不太严重的情况下，这些改进将通过增加留存收益、资本注入和偿还债务等实现。在更糟糕的情况下，债权人可能提供债务减免。

2. 债务减免对扭曲效应的影响

债务过剩问题如此严重，以至债权人可以从免除部分债务中获益。负债水平过高，违约风险较大，债务的市场价值将远低于其账面价值。在这种情况下，如果债权人免除一部分债务，较低的债务负担，有助于调整股东和债权人的利益，公司的努力和投资将上升，从而增加公司的整体价值和剩余债务的市场价值。如果这种效果足够强大，剩余债务的市场价值可能比当没有债务减免时总债务的市场价值更高，在这种情况下，债务减免将最终使债权人受益。债务减免是否能最终使债权人受益取决于债务过剩的具体情况。有些情形，优先偿还债务的债权人愿意减免一部分债务，重新谈判，或放弃他们的旧债，目的是使企业可以通过发行额外的担保债务获取外部资金。有时，对于债务减免是否符合他们的利益，债权人并不确定,并存在不一致的看法。当有不同种类的债务时,不同旧债的债权人利益可能发生不同程度的冲突。此外,一个"搭便车"的问题可能会出现,因为债务减免只对作为一个群体的债权人受益,而可能不会代表单个债权人的利益。尽管债务减免明显缓解债务过剩问题,但它仅代表了一部分的解决方案。因为债权人提供债务减免是希望能从中受益,他们愿意减免的债务数额是有限的,而剩余的债务继续扭曲公司的投资决策。

违约企业被债权人收购是另一个潜在的解决债务问题的办法。债权人将有动机选择所有有利可图的投资机会。可是,这一解决方案同样不能令人满意,由于多数投资机会依赖于业务连续性,当违约发生和所有者失去控制权时,投资机会就失去了实质价值。

3. 减少债务过剩扭曲风险的实践

一些常见的借贷实践和债务契约特征有减少债务过剩引起企业风险的效果。例如,缩短债务期限。债务期限结构是公司财务政策中的一个重要内容,它对公司面临信贷与流动性冲击时真实的财务行为有显著影响。使用更多短期债务的公司面临更频繁的重新谈判,因此更可能受到信贷供应冲击,面临财务约束。债务期限结构对 2007~2008 年金融危机期间的行业公司有重要的真实影响。公司债务期限的缩减有可能与现金持有水平有关(Bates et al., 2009)。

债务过剩扭曲投资的经济后果与做出投资决策后债务到期是相关的。发行和适时变动根据公司情况修改债务契约条款的短期债务,可以减少债务过剩的可能性。匹配公司资产负债期限的做法也减少了债务过剩的可能性。这是因为一个公司的总价值可以被认为是已有资产价值的总和,再加上未来投资机会的价值。当现有的债务超过已有资产的价值时,两者差额需要该公司新投资所产生的价值的增加来偿还。这意味着,投资的一部分收益归债权人所有,这就是债务过剩造成的投资不足问题。通过匹配资产和负债的期限,公司能有效降低债务过剩扭曲问题(如一个偿债基金条款,并设置在一个单独的账户,企业按预定计划存入一笔以分期还贷为目的的钱,与匹配期限有类似的影响。该基金能够有效地降低企业的负债水平,所以它也有助于降低债务负担的可能性),但已有资产价值会随着时间的推移而贬值。Aivazian 和 Callen(1980)认为,如果谈判的交易成本很小,那么债权人与股东重新签约可以内化债务带来的外部性,从而克服投资不足问题。

债务契约的契约性限制也可以减少未来债务过剩问题的可能性。这类契约的目的是维护优先偿还债务的价值。一些契约的目的是保护公司的资产价值,因为这些资产可以被债权人扣押,如同那些被设计用于维护抵押资产的清算价值,或限制公司出售资产的能力的契约。其他契约通过限制融资政策、维护优先债权人、限制杠杆比率、限制资本结构等方面来保护优先债务的价值。其他条款限制了公司的分配政策，如限制发放现金股利和股票回购。

可是，对于那些面对适当的激励，以减少企业风险的债务契约而言，债权人正确评估、监控和对这些风险定价非常重要。在2008年金融危机前的几年里，债权人对杠杆和风险的关注越来越少。当年的特点是低风险溢价、宽松的贷款标准、债务和解协议和放松信贷。现在事后看来，风险溢价仍然过低、风险定价错误，而这些因素导致了脆弱的资产负债表和债务过剩现状。

2.3 国内研究现状

2.3.1 资本结构决定因素

国内也有大量文献对我国企业的资本结构决定因素进行了深入探讨，但基本是运用我国企业数据检验国外相关理论，或是国外研究路径在我国的继续，而且研究结果也并不一致。陆正飞和高强（2003）针对我国深市上市公司的问卷调查显示，89%的样本公司认为应该设定一个"合理"的目标资本结构。屈耀辉（2006）发现我国上市公司年度间的资本结构调整速度很小。在计划经济背景下，政府对经济有很强的干预力，银行的贷款决策受到政府的影响，而政府也直接或间接地参与企业经营。在这样的情况下，企业融资行为在一定程度上被扭曲，资本结构决策并不完全依照收益与成本的权衡（林毅夫和李志赟，2004）。方军雄（2007）认为国有企业在产品市场、要素市场等市场中拥有先天优势和政治关系，其违约风险更低，并且更可能得到额外的政策资金扶持，导致其更容易获取银行贷款，因此相比于非国有企业，国有企业具有更高的资产负债率和更长的债务期限结构。姜付秀等（2008）认为企业目标负债率受到公司规模、营利能力、成长能力、抵押能力、行业和地区等因素的影响。他们的研究表明公司所在的产品市场竞争越激烈，公司资本结构偏离最优资本结构的幅度越小。连玉君和钟经樊（2007）研究了公司成长性对资本结构的动态调整。肖泽忠和邹宏（2008）认为尽管国有企业有国家作为后盾，更容易获得银行贷款，但国有企业也因为代理问题严重而更可能进行股权融资以牟取私利，其研究发现总体上国有股、法人股和外资股比例对上市公司总的负债率没有显著影响，但国有企业的长期负债率要高于非国有企业。苏冬蔚和曾海舰（2009）从经济波动方面研究了企业的资本结构决策问题，他们发现，我国资本结构与经济周期存在反向作用。在经济上升时期，企业负债率下降；而在经济衰退期，负债率则上升。肖作平

(2009)运用实证检验了制度因素对资本结构的影响,其主要结论如下:①市场化总体进程和公司债务水平负相关;②法律环境得分高的地区上市公司具有显著低的债务水平;③金融市场发育程度高的地区上市公司具有显著高的债务水平;④产品市场发育程度对资本结构的影响不显著。研究大多探讨我国企业产权性质对企业负债率水平的影响。

王志强和洪艺珣(2009)的研究表明,公司的资本结构会趋近于其动态的目标资本结构,公司资本结构变化的决定性因素是目标资本结构。孔庆辉(2010)将712家样本公司分为防守型和周期型行业,研究发现在经济衰退时,周期型行业降低债务比率,而防守型行业虽然也会降低债务比率,但是降幅远低于周期型行业。

此外,王跃堂等(2010)以我国2007年所得税改革为背景研究发现,制度环境是资本结构理论的重要影响因素,在税率提高的企业中,非国有企业比国有企业增加了更多负债;在税率降低的企业中,非国有企业比国有企业减少了更多负债,说明非国有企业在资本结构决策中会更多地考虑债务税盾因素,在税收筹划方面更为激进。

盛明泉等(2012)发现国有企业的软预算约束程度越大,其实际资本结构与最优资本结构之间的偏离程度也越大。张会丽和陆正飞(2013)研究发现,在控制其他因素的前提下,子公司负债占比越高,企业资本结构偏离最优值的程度越大,但是母公司对集团的整体控制力会对这一关系起削弱作用。肖泽忠和邹宏(2008)发现,发达国家企业负债率的几个重要决定因素在中国上市公司中同样重要,但背后的作用机制可能不同,尤其是营利能力与负债率之间的负相关性是因为我国盈利的公司更容易通过发行股票来筹集资金。与上述这些研究相比,Li等(2009)考虑了更多我国独特的制度性因素。他们考察的样本是2000~2003年工业企业库中企业的资本结构。他们发现,国有和私营企业比外资企业的负债率更高。同时,他们考察地区因素对企业负债率的影响,并发现在法制环境和银行体系更发达的地区,企业的总负债率更低。张文君(2012)发现我国制造业企业的资本结构随着产业集聚的提高而下降,支持了啄食理论。钟宁桦等(2016)研究发现,我国企业存在债务的结构性问题,显著加杠杆的是数千家大型、国有、上市的企业,私营企业的企业特征与其负债率之间的关系与西方企业高度一致;然而企业层面的因素却不能解释国有企业的负债率,资金配置对于国有企业的偏向性越来越强。顾研和周强龙(2018)研究认为,政策不确定性的上升使资本结构决策趋于保守。王朝阳等(2018)发现,经济政策不确定性阻碍资本结构的动态调整。张博等(2018)研究认为,新会计准则的实施提高了资本结构调整速度。刘行等(2017)考察了企业避税行为对财务杠杆的影响,研究发现,随着企业避税难度增加,企业总体负债率显著上升,并导致不具有利息税盾效应的商业信用负债显著增加。申广军等（2018）发现，增值税转型降低了企业的流动负债率，提高了企业的长期负债率。汪玉兰等（2020）考察了集团控制对上市子公司过度负债的影响，发现相比独立上市公司，集团控制上市公司过度负债的可能性更高。

2.3.2 资本结构与企业绩效

在资本结构的经济后果方面，学者们侧重于研究资本结构对企业绩效的影响。陈超和饶育蕾（2003）的研究结论表明资本结构与绩效负相关。洪锡熙和沈艺峰（2000）、王娟和杨凤林（2002）等的研究结论表明资本结构与绩效正相关。肖作平（2005）用三阶最小二乘法估计方程研究发现公司的资本结构与公司绩效间存在互动关系，但中国上市公司资本结构与公司绩效显著负相关，这与国外的经验研究结论不一致。封铁英（2006）研究发现，我国上市公司存在不同的资本结构选择偏好，而且在不同的偏好下，企业绩效存在显著差异，资本结构与企业绩效之间呈现显著的负相关关系，这一假设的验证结果与资本结构两大主流理论中的啄食理论相一致。张兆国等（2007）认为由于资本结构的不同，故民营上市公司的企业绩效好于国有控股上市公司，但企业绩效无论是资产负债率、商业信用比例、银行借款比例、流动负债比率还是长期借款比例都呈负相关关系，而股权集中度的提高并不有利于企业绩效的提高。陈德萍和陈永圣（2011）研究发现公司资本结构与营利能力、资产担保价值有正相关关系，而与偿债能力、非债务税盾有负相关关系。陆珩瑱和吕睿（2011）在考虑内生性的基础上检验了上市公司资本结构的影响因素，发现公司绩效与负债水平负相关；不考虑内生性的估计结果明显高估了绩效与负债水平的负相关关系，所以引入工具变量估计得到的结果更为真实可靠。

陈德萍和曾智海（2012）应用广义矩估计（generalized method of moments, GMM）方法考察创业板上市企业资本结构与企业绩效之间的互动关系。研究结果表明，资本结构与企业绩效确实存在互动关系，在企业绩效中资本结构、成长能力、股权集中度、董事会兼任经理人和企业规模都对其有显著影响，而在资本结构中营利性、成长能力、偿债能力、资产担保价值和企业规模五个因素对企业资本结构选择具有显著影响。白贵玉等（2015）研究发现，随着资产负债的增加，企业规模对研发竞争行为的正向影响会逐渐削弱，对营销竞争行为的负向影响会逐渐强化。杨楠（2015）发现，资本结构与企业绩效呈显著非线性正相关，资本结构对企业绩效的影响效果随着技术创新能力的提高而提高，资本结构与技术创新能力的交互作用对企业绩效有积极影响。杨楠（2015）进一步研究认为，当企业社会责任水平较高时，资本结构与企业绩效负相关；当企业社会责任水平较低时，资本结构与企业绩效正相关，资本结构对企业绩效的影响效果随着社会责任水平的变化而变化。綦好东等（2018）研究了杠杆率变动对企业绩效的影响，他们发现，我国非金融类上市公司中的过度负债企业去杠杆与企业绩效呈显著正相关关系；高杠杆企业相对于低杠杆企业，大规模企业相对于小规模企业，产能过剩行业相对于非产能过剩行业，国有企业相对于民营企业，去杠杆对企业绩效的正面影响更强。

2.3.3 债务期限结构

国内学者对企业债务期限结构的研究倾注了大量热情。债务期限是债务契约的重要内容之一，债务期限越长，债务人出现违约的可能性越大，债权人面临的未来不确定性程度越高，风险也越大。债务期限的传统研究发现，企业的资金周转期、成长机会、自身借贷信誉及资产风险等因素都会对企业长期负债比例产生重要影响。肖作平（2005）以我国上市公司为样本，对 1995~2002 年影响我国上市公司债务期限结构的因素进行了实证分析。研究结果支持代理成本理论，较少的增长机会、更少的自由现金流、长期资产和更大的企业规模的公司可能有更多的长期债务。孙铮等（2005）分析了地区市场化程度对当地企业债务期限结构的影响，研究发现企业所在地的市场化程度越高，长期债务的比重越低，并把上述差异主要归因于政府对企业干预程度的不同。袁卫秋（2005）的研究结果表明，权衡理论能够较好地解释我国上市公司债务期限结构的选择。杨胜刚和何靖（2007）通过实证分析比较了财务杠杆对期限匹配假说的效应，在他们的研究中，增长机会、杠杆和债务期限结构之间的关系已被证明；对于内生问题，他们没有系统地分析内生问题的原因。对于短期负债，因为所面临的不确定性较小，债权人主要关注的是企业的短期偿债能力，使得债权人对会计信息尤其是盈余信息的需求相对较少；而对于长期负债，因为所面临的不确定性较大，债权人主要关注的是企业长期偿债能力，债权人对会计信息尤其是盈余信息的依赖程度相对来说比较高（陆正飞和高强，2003）。杨兴全和陈跃东（2009）的研究发现，与非政府控制公司相比，政府控制公司的长期债务融资比例较高。一些学者开始关注制度环境对债务期限的影响，发现产权性质、企业"政治关系"、地区市场化进程以及政府干预等影响企业债务期限的经验证据（朱家谊，2010）。徐虹等（2014）发现，债权人在对上市公司长期债务的决策中在一定程度上能够识别上市公司的盈余管理行为，即随着上市公司盈余质量的提高，上市公司能够获得更多的长期负债。郑慧开和谢赤（2014）考察了债务融资期限结构对企业价值的影响，发现房地产企业债务期限结构与企业价值之间呈倒"U"形关系。王汀汀等（2015）研究我国中小企业债务期限结构的影响因素，并着重探讨企业生命周期与债务期限结构的关系。研究发现,生命周期对债务期限结构有重要影响,长期负债占比在企业初创和成长期不断上升,在企业成熟期逐渐下降。资产期限、公司规模和杠杆率与债务期限正相关,自由现金流量与债务期限显著负相关。在制造业企业中,实际税率与债务期限结构正相关,但是,成长期权对债务期限结构的影响不显著。此外,不同行业债务期限结构存在一定差异。欧阳红兵和窦雯璐(2015)研究发现,管理层股权激励、薪酬激励与公司债务期限结构的相关性均存在着行业性的差异和阶段性变化差异。刘井建等(2015)研究表明,高管现金薪酬对债务期限的影响呈倒"U"形,股权激励计划和股票增持有利于提高债务期限,但股权激励强度的影响却是消极的。张樱(2016)发现,社会资本和债务期限结构具有显著的正相关关系,即上市公司所属地区社会资本的发展水平越高,公司债务期限结构越长。李栋栋(2016)发现,短期借款占比越高,公司股价崩盘风险越高,这说明短期借款并没有发挥积极的治理作用,从而抑制借款偿还流动性风险而导致的管理层负面信息隐藏行为。进一步研究发现,短期借款占比与股价崩盘风险之间的正相关关系在国有企业和信息不对称程度高的公司更加显著。朱志标(2016)研究认为,短期债务比例较高的公司表现出较高的投资效率,具体表现为较高的短期债务比例显著抑制了投资过度,但对投资不足不会产生显著的影响;而且盈余信息质量与债务期限结构对投资效率的影响作用存在一定的替代效应:公司短期债务比例越低,盈余信息质量对投资效率的影响作用特别是对投资过度的抑制作用越大。赖黎等(2016)研发发现,军队背景高管偏好高风险,决策更为激进,具体表现为其所在企业的债务水平更高、债务期限结构更短、现金持有水平更低,最终给企业的经营业绩带来负面的影响。雷宇和曾雅卓(2019)发现,法律背景高管对公司长期债务融资具有正向影响,良好的法律制度环境有助于增强法律背景高管与长期债务融资之间的正向关系。吴卫星等(2020)实证研究表明,政府和社会资本合作显著影响企业的债务期限结构,即增加长期有息债务、降低短期有息债务占比。另外,王红建等(2018)发现,放松利率管制不但显著抑制企业过度负债,加快资本结构调整速度,而且延长企业债务期限。国内相关研究路径如图 2-1 所示。

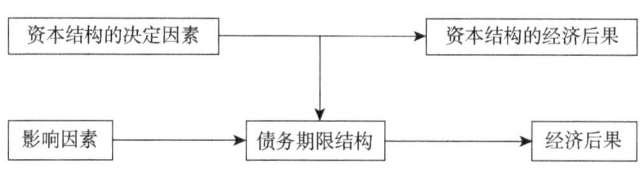

图 2-1 国内相关研究路径

2.4 国内外研究述评

资本结构是公司财务学中一个永恒的主题，从20世纪上叶开始，就引起了众多学者的研究兴趣。时至今日，学术界已经形成诸多成熟的资本结构理论，这为本书的研究提供了非常丰富的理论基础。以往研究主要围绕最优资本结构、资本结构决定因素、资本结构的经济后果这些传统主题争论不休，而对于资本结构到底有无最优结构仍没有定论，不同的企业资本结构到底受哪些因素影响也要具体问题具体分析。作为一种财务结果，其受决策者个人或决策群体的影响却是毋庸置疑的。

从国外最新的研究来看，债务过剩是资本结构的一种特殊形式与财务决策的特殊结果，因此国外学者已经开始着力解释其经济后果，而对其成因却较少关注，即使有少数相关研究，也主要是从企业外部宏观经济因素去解释，因此其说服力并不十分站得住脚。从以上国内相关研究来看，国内有关债务过剩这一特别资本结构现象的研究应该说还刚起步。从理论研究的角度来看，国内尚未提出有关此问题的新理论。从实证研究的角度来看，还需注意以下四个问题：第一，已有大部分研究将文献中对资本结构理论所做的实证检验直接应用于我国企业，考察"啄食理论"和"权衡理论"等主流资本结构理论对于我国企业负债率的解释力；对于我国上市公司而言，普遍存在"异常优序融资"（abnormal pecking order）现象——外部融资优先于内部融资、外部融资中股权融资优先于债权融资。为什么很多企业，特别是一些上市公司却是负债累累？对于到底是什么因素引起了这种异常融资秩序，缺乏新的解释。第二，大量关于债务过剩的研究在2008年金融危机后兴起，主要关注债务过剩的经济后果，对于是什么因素引起了债务过剩的探讨还不够，特别是对影响我国上市公司债务过剩的主要因素的研究不够全面，缺乏新的研究视角，所以需进一步将企业及其股东的微观层面、行业中观层面及宏观政治与经济层面等因素考虑进来。第三，大多数实证研究对杠杆率的衡量主要采用三种指标，分别是资产负债率、长期负债比率和流动负债比率，但这三种指标主要是针对债务结构的衡量，仅考虑了杠杆率的账面价值，而且对杠杆率的测算还不够科学，由此很难准确衡量各种因素对我国上市公司债务过剩的影响。第四，很多研究文献的样本区间较短，有的只有一年至三年，这样容易导致实证结果缺乏足够的代表性和准确性。

综上，通过对国内外资本结构领域的研究文献进行梳理可以看出，以往研究更多的是从静态视角进行的，忽视了资本结构的动态调整问题。企业债务过剩的形成从本质上说是资本结构的动态调整，债务过剩是一个逐渐演变形成的过程，企业进行负债经营本是一种正常的现象，但随着各种目的性主体的行为影响，正常合适的债务结构渐变成债务过剩。尽管近年来有学者对资本结构的动态调整及其影响因素进行了一定的探讨，但是不难发现，目前学者们还没有从多维的组织行为视角对资本结构的特殊形态（即债务过剩）进行研究，本书试图在这一方面进行一些尝试。

第3章 我国企业负债与债务过剩测度

3.1 我国企业负债情况

3.1.1 分部门杠杆率概况

近年来，国内国际上有不少报告指出：从分部门（政府、企业、居民）来看，我国非金融企业的负债是最高的，并且是在2008年金融危机之后迅速上升的。2004~2008年，分部门债务合计占我国GDP的比例不到100%，但到2010年达到了105.4%，超过所有其他主要国家（李扬等，2012）。后续几年继续飙升，2015年6月达到163%。我国债务总额与GDP的比例在2016年一季度上升至创纪录的237%，而且远高于其他新兴市场国家，这将造成金融危机爆发以来经济增长在更长时期内放缓的风险。国际清算银行2015年第三季度的数据显示，整个新兴市场债务与GDP的比例要低得多，只有175%。

国际比较显示，无论是与国际上一些发达国家还是与一些发展中国家比较，我国的非金融企业杠杆率水平均高于所比较的国家中，其隐含的风险非常高。

国际清算银行采用与英国《金融时报》类似的方法，估算出我国债务与GDP的比例为249%，这与欧元区的270%和美国的248%大致相当，但我国企业债务远超其他国家和地区。

如图3-1所示，2008~2016年，我国非金融企业部门或实体经济部门的杠杆率持续上升，2016~2019年，杠杆率增长有所放缓，呈现"稳杠杆"状态。2008年金融危机以来，我国政府、企业、居民等部门债务水平不断攀升的重要原因是，一方面，政府部门债务主要是依托地方政府主导的融资平台（如城投），因此我国债务激增现象主要集中表现在非金融企业。另一方面，随着全球经济的下滑，企业营利能力水平下降甚至出现亏损，无法偿还到期债务；民营企业出现大量破产清算，国有企业依托政府救助僵而不死，出现大量"僵尸企业"，金融机构贷款出现大量坏账，最终将导致系统性金融风险的爆发，因此我国企业债务过剩现象是一个亟待解决的难题。

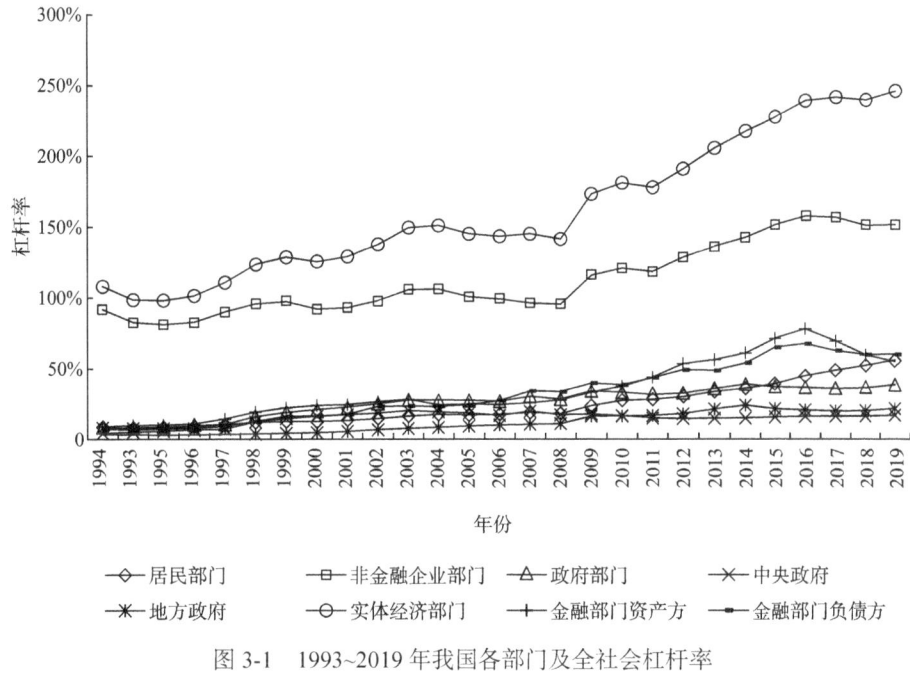

图 3-1　1993~2019 年我国各部门及全社会杠杆率
数据来源：国家资产负债表研究中心

3.1.2　传统视角下的企业财务杠杆

文献中对企业财务杠杆率有多种定义。大多数研究把财务杠杆率界定为债务比率的某种形式，差异体现在是按账面价值还是按市场价值测度上，同时差异也体现在是考虑总债务还是考虑长期债务上。也有学者把利息覆盖率作为企业财务杠杆的测度指标（Welch，2004）。此外，企业有多种资产和负债，还可能做出一系列更详细的调整。Rajan 和 Zingales（1995）运用了三种可供选择的杠杆率定义：①总负债比总资产；②债务总额比资产总额；③债务总额比净资产。大多数研究关注单一的杠杆率测度，如资产负债率。Fama 和 French（2002）认为，大多数理论研究采用了账面价值。然而，这一测度方法没有考虑企业的财务约束，而企业的财务约束在资本结构调整中可能发挥重要作用。Almeida 和 Campello（2007）用现金储蓄的现金流敏感性作为融资约束的指标，在他们的研究中，这一指标对融资约束的企业来说是唯一重要的。还有一些学者把公司现金流作为负债，因此把现金从债务测度中扣除。他们考虑了一种替代的杠杆比率，即利用现金流的净债务（leverage net of cash flow），定义为（总债务-现金流）/总资产。总之，无论是传统资产负债率算法还是考虑财务约束的修正算法，都无法真正反映企业债务是否过剩。根据传统财务杠杆算法，我国企业负债似乎并不存在过剩情况，也就不需要"去杠杆"。

钟宁桦等（2016）利用中国工业企业数据库中近 400 万个企业样本，分析了1998~2013 年我国所有规模的工业企业的平均负债率（即负债总额/资产总额），并考察了我国企业杠杆率的变化。1998 年的平均负债率是 65%，之后持续下降到 2013 年的 51%，即 15 年间下降了 14 个百分点，平均每年下降近 1 个百分点。

进一步地，钟宁桦等（2016）按不同的期限把债权做了区分。以短期负债/总资产表示的短期负债率平均值从 1998 年的 55%下降至 2013 年的 47%；以长期负债/总资产表示的长期负债率平均值从 1998 年的 11%下降至 2013 年的 6%。也就是说，对于总负债的下降而言，短期负债率起到了主要贡献；而考虑到长期负债的初始水平很低，它的下降幅度要更大。此外，钟宁桦等（2016）还发现，长期负债的平均数和 75%分位数在 2008 年后都有所上升，但中位数一直为 0，说明一半以上的样本企业始终无法得到任何长期负债。1998 年，大企业的平均负债率约为 61%，中小企业约为 65%；而到了 2013 年，大企业的平均负债率下降至 57%，而中小企业下降至 51%，即中小企业的负债率有明显的下降趋势。1999~2013 年，国有企业的负债率下降幅度最大。这些企业在 1998 年的平均负债率处在较低的水平，只有 39%。这是因为上市公司通过股权融资方式筹集到大量的资金，因此其债权融资的比例通常较低。然而，一个更重要的发现是，上市公司的平均负债率以极快的速度上升，从 1998 年的 42%左右，上升至 2009 年的 55%，和非上市公司的平均负债率相等，而且在 2009 年后超过了非上市公司。可见，作为公众利益实体以及代表我国优质企业的上市公司，其融资优序应是股权融资，而从已经披露的信息来看，上市公司却偏好债务融资，导致资本结构恶化，甚至有些上市公司资不抵债，这值得我们深思。

3.2 基于目标偏离法的债务过剩测度

目前相关研究主要针对过度负债进行测度，已有的研究主要采用三种方式对过度负债进行衡量：①实际资产负债率减去目标资产负债率（陆正飞等，2015；Denis and Mckeon，2012）；②实际资产负债率减去行业中位数或者均值（张会丽和陆正飞，2013）；③由 Graham 提出的 Kink 值，指当公司负债所能获得最大税收优惠时的利息支出比实际利息支出（Graham，2000）。第一种方式考虑企业个体特征和行业特征，衡量方法较为成熟完善，而且被大多数学者引用；第二种方式只考虑行业特征，忽略公司个体特征，衡量方法较为简单，误差较大；第三种方式如大多数学者（Chang et al.，2014）所认为的税收因素对公司资本结构决策影响较小。

3.2.1 目标资本结构测度思想

企业资本结构变化的理论解释从 Modigliani 和 Miller（1958）的资本结构无关论衍生出了各种相关理论。Modigliani 和 Miller（1958）认为，在完美资本市场假设下，资本结构是无关的。可是，基于完美资本市场是不现实的这一假设，学术界对 Modigliani 和 Miller 的资本结构无关论已经提出了挑战。研究显示，如果考虑破产、交易成本和代理成本，则 MM 理论是错误的（Frank and Goyal，2009）。Frank 和 Goyal（2003）认为，MM 理论并没有提供一个真实地描述企业应该如何构建其资本结构的范本。可是，MM 理论提供了理论上的解释，即为什么资本结构可能是相关的。从 Modigliani 和 Miller（1958）提出这个学术问题以来，已经发展出许多解释资本结构的理论（如权衡理论及其改进版动态权衡资本结构理论），且已经得到了长足发展。经过五十多年的激烈争论，学术界尚未对可以全面地解释现实世界中的企业如何做出资本结构决策的统一理论达成共识（Frank and Goyal，2009）。动态权衡理论解释了企业是如何在实践中做出资本结构决策的，可是，实证结果却始终摇摆不定（Flannery and Rangan，2006）。这毫不奇怪，因为不同的资本结构理论强调不同的问题，要提出一个统一的资本结构理论还是具有挑战性的。

尽管 MM 理论、权衡理论、代理理论及啄食理论对是否存在最优资本结构没有统一的定论，但许多实证证据却表明存在最优负债率。资本结构的权衡理论认为，企业最优债务率是在假设企业持有的资产和投资计划不变时，由债务成本和收益之间的权衡而决定的。企业根据价值最大化原则，决定债务与权益之间的转换。所以，追求最优资产结构就需要对债务与股权在资本结构中的比例做出决策，这是财务管理过程的主要任务之一。

Graham 和 Harvey（2001）对 390 余名 CFO 做的调查问卷显示，近 80%的 CFO 认同最优资本结构的存在。Drobetz 和 Wanzenried（2006）认为企业的最优负债率由企业规模、Tobin's Q、固定资产占比及 ROA（return on assets，资产收益率）决定。我国学者姜付秀等（2008）认为企业的最优资本结构因企业规模、成长性及所处行业不同而存在差异，这些都是关于最优资本结构的探讨。

现有大量实证研究认为，公司的目标资本结构由公司特征、时间等因素决定，并随着公司内外部环境的改变而不断变化（Flannery and Rangan，2006；姜付秀等,2008)。国内外诸多学者从资本结构偏离目标的程度来考察动态资本结构决策(Titman and Tsyplakov,2007;姜付秀等,2008)。就我国企业而言,陆正飞和高强(2003)对 500 家深圳证券交易所上市公司的问卷调查显示,88%的样本公司认为应该设定一个"合理"的目标资本结构。与此类似,李悦等(2007)对中国上市公司的问卷调查研究结果表明,约 90%的公司有灵活或严格的目标负债率。

如图 3-2 所示,根据权衡理论,债务边际成本曲线与债务边际收益曲线的交点反映了债务的最优金额(A 点)。当债务低于最优金额时,导致过少的债务(B 点);当债务高于最优金额时,导致过剩的债务(点 C)。深色阴影和浅色阴影分别反映了债务过少与债务过剩的成本。

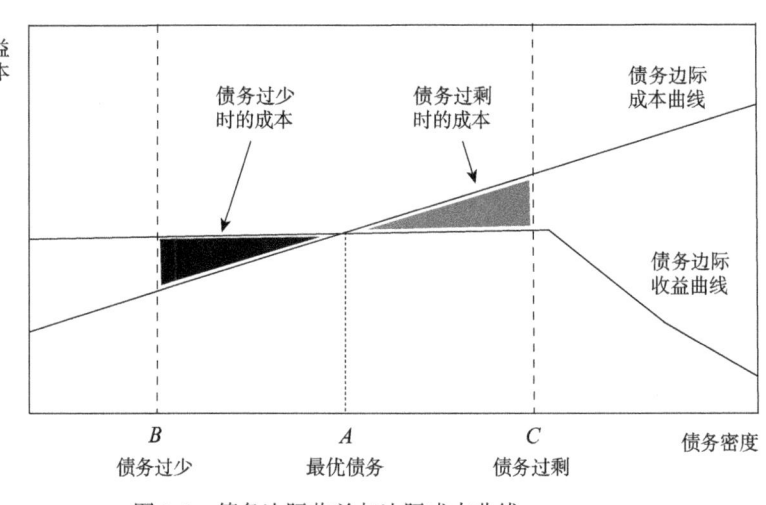

图 3-2　债务边际收益与边际成本曲线

3.2.2　最优债务测度

一个企业到底应该持有多少债务为宜?浩如烟海的文献都在试图回答这个问题。前文理论基础已经提到,使用债务有很多利益,包括利息的税盾收益、金融中介和金融市场的监督与监管以及过度自由现金流引致的代理问题的减少等。同时,债务也会带来成本,包括财务困境和破产成本的可能性、因太多的债务负担而放弃正净现值项目的可能性,以及债务造成经理人与债权人和股东之间冲突的代理成本。Myers(1984)提出了资本结构的权衡理论,企业会权衡债务成本与收益。特别地,权衡理论认为当债务的边际收益等于边际成本时,存在最优债务。所以,为了确定一个公司的最优资本结构,需要先估计债务的边际成本和债务的边际收益。最优资本结构发生在债务边际收益曲线和边际成本曲线的交叉点(即

A 点）（图 3-2）。

Caskey 等（2012）将负债率分为目标负债率和过度负债率，通过实际负债率与目标负债率的比较来判断是否过度负债，这种衡量方法支持了最优资本结构的存在。

动态权衡理论认为，企业会调整其债务达到最优以避免偏离；而且，动态权衡理论假定根据企业专有特征，企业存在长期最优债务，并且企业专有特征依企业和时间的不同而不同（Faulkender et al., 2012；Frank and Goyal, 2009）。为了避免破产，企业必须把较高债务水平调整到最优负债水平（Heshmati, 2001）。Hovakimian 等（2001）发现，如果企业盈利和股票价格发生变化，最优债务水平也会随着时间改变。由于存在调整成本，故动态权衡理论只承认存在次优资本结构。Leary 和 Roberts（2014）发现，由于存在调整成本，故企业只是偶尔重新平衡其资本结构。

de Miguel 和 Pindado（2001）发展了一个目标债务调整模型，可以解释以前的债务和最优债务水平。最优债务水平可以表达为一些企业专有特征的函数，如营利能力、收益增长与固定资产等。Fama 和 French（2002）认为，最优债务难以观测，但可以确定。广义矩估计方法给出了一个更好地估计和调整到最优债务水平的速度。

所以，最优债务水平不可观测，但可以用数据进行估计。Shyam-Sunder 和 Myers（1999）使用长期平均值作为最优债务水平。长期平均值的局限使债务在一个时期内是常数。可是，企业特征发生变化，最优债务会随着时间而变化。Faulkender 等（2012）、Kayhan 和 Titman（2007）、Korajczyk 和 Levy（2003）、Fama 和 French（2002）采用了一个两阶段估计程序。在第一阶段估算的最优债务估计方程和拟合值被替换为目标调整方程。

Flannery 和 Rangan（2006）采用一步估计。在一步估计方程中，通过把最优债务方程替换到目标调整方程中以估计最优债务。由于存在测量偏差，他们使用的外部工具变量可靠性差。特别地，Lemmon 等（2008）认为 Flannery 和 Rangan（2006）的研究用滞后的账面债务作为市场债务的工具变量是很牵强的。Matemilola 和 Ahmad（2015）的研究用面板广义矩估计方法给出了一个更好的最优债务率估计。

目前为止，相关研究主要使用财务杠杆的线性部分调整模型（linear partial adjustment model）估计其调整速度，即公司按此速度调整它们的资本结构以达到目标杠杆率。Flannery 和 Rangan（2006）研究发现，1965~2001 年美国公司以每年 34%的速度调整资本结构。Antoniou 等（2008）发现，美国公司的合理调整速度为 32%，英国为 32%，法国为 39%。综上，这些实证研究为权衡理论框架提供了积极的目标杠杆率调整行为的证据，调整维度与速度取决于实际杠杆率偏离目标比率的程度。

Hackbarth 等（2006）从理论上证明，公司在经济扩张时期比衰退时期调整资本结构更频繁。在经济衰退时期，杠杆率再平衡门槛更高，这是因为杠杆率调整成本在不利宏观经济条件下更高。这些观点有一致的结论，即商业周期阶段与调整速度相关。2007~2009 年全球金融危机以及由此引起的经济衰退为检验这一关系提供了绝佳的背景。所以，很多学者研究发现，金融危机对公司财务政策有巨大的影响（Campello et al., 2010, 2011; Duchin et al., 2010）。

分析的第一步是确定每个行业中公司的最优财务杠杆（或者称为资本结构）L_{it}^*，与传统文献（Flannery and Rangan, 2006; Coricelli et al., 2009）中一样，如果杠杆水平在一定时间内是相对稳定的，那么每一个公司跨期的拟合值的一个简单平均值可以提供最优资本结构的最佳估计。但是，如果数据更不稳定，以及公司对应于解释变量的变化，或者其他的冲击（如正在进行的改革），那么允许最优资本结构各年有所变化，以及使用以每年为基准的拟合值更为合适，这正是本书所采用的方法。最优资本结构通常采用以下方程分别为每个行业（公司）计算拟合值：

$$\begin{aligned} \text{Leverage}_{it} = & \text{SOE dummy}_{it-1} + \text{Intangible Fixed Assets / Total Assets}_{it-1} \\ & + \text{EBIT / Total Assets}_{it-1} + \text{Age}_t + \text{SOE dummy}_{it} \times \text{Age}_{it} \\ & + \text{Industry Median Leverage}_t + u_{it} \end{aligned} \quad (3\text{-}1)$$

其中，$i=1,2,3,\cdots,N$ 表示在每个行业中第 $t=1,2,\cdots,T$ 期的第 i 个公司。本章用固定效应模型估计方程（3-1）。选择固定效应模型而不是随机效应模型是由样本数据决定的，而解释变量的选择参照了已有文献（Rajan and Zingales, 1995; Flannery and Rangan, 2006; Driffield and Pal, 2010）。

另外，Denis 和 Mckeon（2012）预测企业的目标资产负债率回归模型如下：

$$\text{Levb} = \alpha_0 + \alpha_1 \text{Soe} + \alpha_2 \text{Roa} + \alpha_3 \text{IndLevb} + \alpha_4 \text{Growth} + \alpha_5 \text{Fasset} + \alpha_6 \text{Size} + \alpha_7 \text{Shrcr1} \quad (3\text{-}2)$$

模型（3-2）各变量含义如表 3-1 所示。

表 3-1 变量含义

变量	含义	变量	含义
Levb	账面资产负债率	Soe	国有为 1；否则为 0
Roa	总资产回报率	IndLevb	Levb 行业中位数
Growth	总资产增长率	Fasset	固定资产率
Size	资产自然对数	Shrcr1	第一大股东持股比例

注：根据企业实际资产负债率减去预计资产负债率得到过度负债率 ExLevb，ExLevb 值越大表示过度负债水平越高

3.2.3 债务过剩:实际-最优债务偏差

将根据式(3-1)得到的负债率预测值作为每个行业 t 年第 i 个公司最优目标资本结构(负债率) L_{it}^*。最佳资本结构 L_{it}^* 的估计使我们能够计算出与最优资本结构的实际偏差 $(L_{it} - L_{it}^*)$。为了了解公司财务杠杆失衡的格局,把公司分成三类(表3-2)。第一类:有债务赤字的公司,即实际负债或负债率低于其相应的最优结构;第二类:适度债务过剩的公司,即实际的债务或负债率超过最优资本结构,但超过部分小于1;第三类:债务过剩的公司,也就是说,差距大于1。

表 3-2 企业债务程度分区

类型	第一类:有债务赤字的公司 (leverage deficit)	第二类:适度债务过剩的公司 (moderate excess leverage)	第三类:债务过剩的公司 (high excess leverage)
区间	$L - L^* < 0$	$0 \leq L - L^* \leq 1$	$L - L^* > 1$

值得注意的是,债务缺口数字对应了一些有积极债务的公司。很显然,样本中的大多数公司属于第一类和第二类。特别地,在本书的样本中,大多数行业的超额负债往往介于 0 到 1 之间,很明显,转型国家的经验与现有主要研究发达国家资本结构的大多数文献形成了对比(Driffield and Pal,2010)。

持续偏离最优资本结构凸显了资本市场不完善的特征,这可能会阻止实际杠杆率瞬时调整到所需的水平(Davydenko and Strebulaev,2007)。

3.3 财务脆弱性视角债务过剩测度

债务过剩指数表示了公司的财务脆弱性。测度债务过剩不仅要考虑债务程度还要考察债务的可持续性,即偿还利息的能力。Costanzo 等(2013)的方法就是从偿还债务和利息的能力两个维度构建债务过剩指数。这一指数考虑了公司层面和债务结构及其可持续性等方面:①涵盖公司财务状况的变量;②能够建立起公司过度负债时的标准情境。

3.3.1 负债程度指数

就债务程度而言,现有财务学文献认为,要捕捉公司财务脆弱性,需考虑一系列包括债务现象在内的变量,这些变量包括财务杠杆、债务能力、金融债务的形式、净财务状况。综合考虑这些财务变量要比单一债务比率更能对一个公司的财务状况提供更好的理解。

根据这一方法,为了评估公司财务状况,本书构建了如下债务指数:

$$\text{DEBT}_{\text{INDEX}} = \alpha_1 \frac{\text{TA}}{N} + \alpha_2 \frac{\text{FD}}{N} + \alpha_3 \frac{\text{CL}}{\text{FD}} + \alpha_4 \frac{\text{FD}}{\text{CF}} + \alpha_5 \frac{\text{TA}}{\text{WK}} + \alpha_6 \frac{\text{CL}}{\text{CA}}$$
$$+ \alpha_7 \frac{\text{NFP}}{\text{TA}} + \alpha_8 \frac{\text{CL}}{\text{PLAT}} + \alpha_9 \frac{\text{NFP}}{\text{PLAT}} + \alpha_{10} \frac{\text{NTCA}}{N} \quad (3\text{-}3)$$
$$+ \alpha_{11} \frac{\text{TFA}}{\text{LTD} + N}$$

其中,各财务比率含义如下。

$\dfrac{\text{TA}}{N}$ 指总资产比股东权益;

$\dfrac{\text{FD}}{N}$ 指全部金融债务比股东权益,即资本化程度的指标;

$\dfrac{\text{CL}}{\text{FD}}$ 指短期金融债务(如短期借款)比全部金融债务;

$\dfrac{\text{FD}}{\text{CF}}$ 指全部金融负债比现金净流量;

$\dfrac{\text{TA}}{\text{WK}}$ 指总资产比营运资产;

$\dfrac{\text{CL}}{\text{CA}}$ 指流动负债比流动资产;

$\dfrac{\text{NFP}}{\text{TA}}$ 指净金融负债发生率,用净财务状况比总资产表示,这里净财务状况(NFP)是指借款-交易中正的公允价值+交易中负的公允价值-现金及现金等价物-金融工具;

$\dfrac{\text{CL}}{\text{PLAT}}$ 指短期金融负债比净利润;

$\dfrac{\text{NFP}}{\text{PLAT}}$ 指净财务状况比净利润;

$\dfrac{\text{NTCA}}{N}$ 指净技术资产(无形固定资产+有形固定资产-减值准备)比股东权益;

$\dfrac{\text{TFA}}{\text{LTD} + N}$ 指全部长期资产比长期负债与股东权益之和,即长期资产比长期资本。

相关财务指标说明见表3-3。

表 3-3 相关财务指标说明

变量	含义	变量	含义
$\dfrac{TA}{N}$	总资产比股东权益	$\dfrac{FD}{N}$	全部金融债务比股东权益
$\dfrac{CL}{FD}$	短期金融债务比全部金融债务	$\dfrac{FD}{CF}$	全部金融负债比现金净流量
$\dfrac{TA}{WK}$	总资产比营运资产	$\dfrac{CL}{CA}$	流动负债比流动资产
$\dfrac{NFP}{TA}$	净财务状况比总资产	$\dfrac{CL}{PLAT}$	短期金融负债比净利润
$\dfrac{NFP}{PLAT}$	净财务状况比净利润	$\dfrac{NTCA}{N}$	净技术资产比股东权益
$\dfrac{TFA}{LTD+N}$	全部长期资产比长期负债与股东权益之和	$\dfrac{IP}{EBIT}$	已付利息比息税前利润
$\dfrac{IP}{EBTDA}$	已付利息比息税减值折旧推销前盈余	$\dfrac{IP}{CF}$	已付利息比现金净流量

3.3.2 获利能力指数

获利能力指数即当期偿还利息的能力，表明公司债务融资的可持续性。

可是，公司财务脆弱性不仅与负债程度有关，也与公司用当期收益满足债务的能力有关。所以，本书也考虑了获利能力指数。同时，本书把后者与债务成本进行比较。特别地，本书构建了公司债务可持续性指数模型。

$$\text{NSD}_{\text{INDEX}} = \delta_1 \frac{IP}{EBIT} + \delta_2 \frac{IP}{EBTDA} + \delta_3 \frac{IP}{CF} \quad (3\text{-}4)$$

其中，各财务比率含义如下（表 3-3）：

$\dfrac{IP}{EBIT}$ 指已付利息比息税前利润；

$\dfrac{IP}{EBTDA}$ 指已付利息比息税减值折旧推销前盈余；

$\dfrac{IP}{CF}$ 指已付利息比现金净流量。

NSD 指数值越高，则公司用当期收益维持偿付利息的能力越低。

大量关于资产负债表状况的实证研究已经表明，上述每个财务比率都有一个阈值，这有助于定义公司何时处于优良的、正常的、差的财务状况。表 3-4 显示的是每一个用于构建债务指数和公司债务持续性指数的财务比率的三种阈值水平。

表 3-4 财务比率与阈值表

优良 (<阈值1)	正常	差 (>阈值2)
阈值1	财务比率	阈值2
3	$3<\dfrac{TA}{N}<5$	5
1	$1<\dfrac{FD}{N}<1.6$	1.6
0.6	$0.6<\dfrac{CL}{FD}<0.8$	0.8
2.85	$2.85<\dfrac{FD}{CF}<6.7$	6.7
2.5	$2.5<\dfrac{TA}{WK}<3.3$	3.3
0.9	$0.9<\dfrac{CL}{CA}<1.1$	1.1
0.20	$0.20<\dfrac{NFP}{TA}<0.35$	0.35
0.15	$0.15<\dfrac{CL}{PLAT}<0.30$	0.30
0.10	$0.10<\dfrac{NFP}{PLAT}<0.50$	0.50
1	$1<\dfrac{NTCA}{N}<2$	2
1.25	$1.25<\dfrac{TFA}{LTD+N}<3.33$	3.33
0.25	$0.25<\dfrac{IP}{EBIT}<0.58$	0.58
0.33	$0.33<\dfrac{IP}{EBTDA}<0.5$	0.5
0.18	$0.18<\dfrac{IP}{CF}<0.5$	0.5

本书想强调的是，这些阈值只有实证基础，因此对它们的估计容易产生系统性和随机性错误。可是，这些阈值水平的选择并不影响本书方法的相关性。

为了确定一家公司何时处于过度负债，本书使用主成分分析法估计上述两个指数，即 DEBT 和 NSD 指数中每个财务指标的权重（即相关系数 α_i 和 δ_i）。主成分分析法是 20 世纪早期发展起来的一种用于整合数值型分散信息的标准多变量统计技术，即把一系列相关的变量转化成一组更少的新变量，这些新变量之间不相关且保留了大部分原始信息。也就是说，减少一组变量的维度，但同时保留了方差-协方差结构中最大的可变性。

3.3.3 二维指数区间

替换式（3-3）和式（3-4）中 DEBT 和 NSD 指数中每个指标估计出的相关系数 α_i 和 δ_i 以及阈值，本书计算出两个指数值，从而我们可以根据负债程度对公司进行分类，结果如表 3-5 所示。

表 3-5 债务过剩指数与财务状况

区间	NSD<阈值1	阈值1<NSD<阈值2	NSD>阈值2
DEBT<阈值1	OI=1 优良	OI=2	OI=3
阈值1<DEBT<阈值2	OI=4	OI=5 正常	OI=6
DEBT>阈值2	OI=7	OI=8	OI=9 困境

公司最佳财务状况出现在 DEBT 和 NSD 指数值都小于阈值 1 时，即"优良" OI=1；当 DEBT 和 NSD 指数值介于阈值 1 和阈值 2 之间时，相应的财务状况属于"正常" OI=5。

值得一提的是，在公司财务状况分类中，本书假定 DEBT 指数值在界定过度负债条件时比 NSD 指数值更重要。

因此，结合以上界定，OI 值在 1 到 9 之间分布，也就是 9 种不同的财务状况层面。当 OI 值分布在 1~5 时，公司不被认定为过度负债。相反，当 OI 值分布在 6~9 时，公司财务状况是脆弱的，而且随着 OI 值的增加而恶化。

最糟糕的公司财务状况处于 OI=9，要满足 DEBT 和 NSD 指数值都要大于计算出的阈值 OI=5。这时，DEBT 指数值达到最大。

特别地，本书定义"债务过剩"的财务特征是

$$OI_{INDEX} = \{DEBT_{INDEX} > 阈值2; NSD_{INDEX} > 阈值2\} \quad (3-5)$$

3.4 债务过剩测度的比较及其在本书的应用

第一种测度方法（即目标偏离法的债务过剩测度）支持了最优或目标资本结构的存在。权衡理论认为公司存在目标资本结构，而啄食理论与市场择时假说则认为公司不存在目标资本结构。动态权衡理论认为，目标资本结构在资本结构调整中发挥着重要作用，当公司实际资本结构偏离目标资本结构时，公司应该通过权衡调整成本和调整收益来决定是否进行调整及调整的幅度，目标资本结构的偏离在一定时期内会逐渐得到消除。啄食理论与市场择时假说均认为公司不必重视

目标资本结构，因为公司资本结构决策主要取决于资金缺口和市场时机。所以，对于公司是否存在最优或目标资本结构，在理论上仍然存在争论。

第二种方法（即财务脆弱性视角的债务过剩测度）的指标在计算系数时存在缺陷，因为阈值的确定带有主观经验因素，而且总体操作也较为烦琐。

在本书的实证研究中，对债务过剩的测度是研究设计的关键步骤，本章所述两种测度方法均有采用。具体安排是，本书第 5 章的债务过剩测度采用第二种方法，第 6、7、8 章实证研究的债务过剩测度采用第一种方法。当具体运用时，本书将结合我国实际情况对模型中的变量进行适当调整。

第4章 集团化经营与债务契约的自我履行

4.1 引言

企业有扩大规模削减成本进行投资的内在驱动性,就独立企业而言,如果受到财富约束不能进行投资就将不得不从外部投资者那里筹措资金进行投资,这将产生一个新的代理问题,即企业可能采取机会主义行为,攫取投资者的投资收益,企业的这种事后道德风险使融资契约难以订立。在新兴市场国家,即使契约得以订立也会因为制度的缺失导致契约难以有效执行,因为在弱法律保护环境下的企业有违约的动机。按照不完全契约中的Aghion和Bolton(1992)债务契约理论模型的解释,受到财富约束的一方将控制权转移给资金充裕方是最优的。可是该模型并没有考虑现实中的相关企业通过组建企业集团,而不是单纯转让控制权进行债务融资的情况。经济发展中出现的企业集团这种与专业化相反的组织形式使亚当·斯密以来视专业化程度提高为经济发展制胜秘诀的传统经济学陷入难堪的境地。本章通过构建理论模型,解释了在制度缺失或不完善的情况下企业集团是一个契约自我履行机制。在企业集团中,成员企业的行为通过内部资本市场的联结相互之间具有外部性,如果债务在第一期得到偿还的保证,那么在第二期,集团内成员企业的投资项目将容易得到银行下一次的信贷资金。本章的理论分析阐释了企业旨在追求规模经济的成本削减型投资和企业集团内部资本市场的外部效应,即在投资是连续的前提下,独立企业之间有组建企业集团的动机,可以解决事后的道德风险问题,从而提升企业获取银行信贷资金的能力。

4.2 文献回顾

企业集团是许多新兴市场国家占主导地位的组织结构。Granovetter（1994）认为，它通常以正式股权关系或非正式，如家族关系、社会关系或交易关系方式把法律上独立的企业捆绑在一起。组织形式有金字塔股权结构的垂直控制型企业集团和交叉持股的水平控制型企业集团。因此，企业集团被认为是介于市场与企业之间的一种混合组织形式。企业集团能够减少金融市场的不完善从而提高资本效率。Khanna（2000）、Ghatak 和 Kali（2001）、Kali（2002）、Chang 等（2006）认为企业集团在新兴市场国家如此普遍是因其对制度的缺失起到了替代作用，资本市场上的不完备信息是企业集团形成的另一个原因。现有的关于企业集团的经济学与金融学文献把研究视角集中在企业集团的两个特征含义上：一是把企业集团看成多元化实体；二是以 Shleifer 和 Vishny（1997）关于公司治理的研究为起点，以 LaPorta 等（1997，1998）的研究为延续，关注的是企业集团的金字塔结构特征，这一结构导致了控股股东与中小股东之间的利益冲突。事实上，关于企业集团的传统研究思路通常是把企业集团与损害中小股东利益、热衷于寻租和建立市场权力相联系起来的。Almeida 和 Wolfenzon（2006）也把金字塔结构型企业集团的形成归因于资本市场的不完美，从而衍生出企业集团的内部资本市场。Khanna 和 Yafeh（2007）甚至把起到制度功能的企业集团称为"典范"（paragons）。另外，Khanna 和 Yafeh（2005）还从风险规避与分散角度认为企业集团是一种面临风险时的互保机制。在理论上，Kali（1999）构建的企业网络形成的内生性模型，把企业集团形成看成对法律系统在契约执行方面的存在局限性的一种反映。Kali（1999）的模型认为，在一个交易得不到法律保护的匿名市场中，企业网络通过留住诚实参与人因而能够替代功能型制度，随着市场中介和制度的发展，关系型契约会转变为距离型契约，而企业集团则是一种关系型契约。Pyle（2002）发现由于缺乏契约履行及征信制度，故商业信贷减少。银行在再贷款决策过程中难以观察到企业生产能力的类型，此时，信息可以通过企业集团内部的交叉偿债担保获取。Kim（2004）研究了银行对违约企业的再贷款决策问题，发现企业集团内的企业要比独立企业更容易获得银行的再贷款。

在我国经济转型过程中，越来越多的公司采取集团化的经营模式。研究我国企业集团外部效应的文献很少，李焰等（2007）是少有的涉及集团化运营外部效应的文献之一，他们通过上海复星集团的案例研究发现，集团化运营更容易获取外部资金，可以利用内部资本市场，从而放大企业的融资能力。然而，这仅仅是个案的研究，并没有从理论上分析论证集团化易于获取外部资金的原因。本书使用一个两期模型解释在连续投资情形下企业集团内部资本市场的外部效应生成了一个契约自我履行机制，以此解决第一期存在的事后道德风险问题。因此，企业集团化能够增加银行信贷配给。相反，对于生产和投资的单一指令化的独立企业在第一期难以获得贷款，因为契约履行可能性大大减小，且由于其单一的组织结构缺乏契约自我履行的外部性优势。

4.3 理论模型

4.3.1 参数假设说明

假定企业集团中的一个成员企业的投资在第一期获得了银行贷款，如果该成员企业违约，那么在第二期另一成员企业的投资将得不到银行的贷款。

在两期模型中，只有在第一期时的债权得到履行，银行才会在第二期对原企业再次发放贷款，且第一期企业用于还款的金额要能高到可以弥补银行在第二期的期望损失。假设模型不考虑借贷双方之间的信息不对称，并且存在一个共同知识（common knowledge）：制度处于不完善阶段。对债权人来说，这意味着债务契约不能通过法庭得以执行。为了简化分析，本书不考虑折现情况。

在不完美的市场中存在一家中间产品生产企业 M 和一家深加工兼销售企业 S，它们在价值链上具有垂直关系。假设 M 以单位成本 c 生产一个产品，且价格为 p_M，则对 S 来说，p_M 是其单位成本。另外，对每单位产品，S 还会发生一个不变边际成本 k，如对顾客的服务。销售企业 S 的价格是 p，则最终的需求函数为 $D(p)=1-p$。M 生产 $q=\dfrac{1-c-k}{4}$ 单位的产品并以价格 $p_M=\dfrac{1+c-k}{2}$ 出售给 S，则 M 的利润是 $\Pi^M=\dfrac{(1-c-k)^2}{8}$，$S$ 以价格 $p=\dfrac{3+c+k}{4}$ 销售这些产品，得到利润为 $\Pi^S=\dfrac{(1-c-k)^2}{16}$。两家企业都可能为追求规模经济进行投资，从而增加均衡中的产品供给量。如果 M 的投资为 I^M，其成本将从 c_H 减少到 c_L。如果 S 也进行投资 I^S，则成本从 k_H 减少到 k_L。由于是垂直结构，故制造商 M 和销售商 S 的投资决策都对对方产生了一个外部效应。假设投资是有利的，即投资收益大于投资成本，进一步地，我们假设 $c_H+k_H\leqslant 1$。

M 和 S 以及其他企业决定组建一个企业集团，企业集团内的企业有一个共同

银行 B。同时假设企业集团内部信息是对称的。在我们的模型中，银行 B 在第一期决定进行贷款，在第二期即使有损失也有可能贷款，但是长期来看，银行的利润为负，因此银行将进行财务监督。

在第一期，假设银行 B 向企业 M 贷款额为 I^M，在制度缺失或不完善的环境下，M 违约是有利可图的。由于预期到 M 的机会主义行为，银行 B 不会对其进行贷款，故事后道德风险的存在导致第一期进行的投资 I^M 或 I^S 都不可能实现。为了简化分析，我们只考虑两种情况：首先，我们分析 M 在第一期投资，S 在第二期投资的情形；其次，我们分析 S 在第一期投资，M 在第二期投资的情形。

情形一：M 在第一期投资，S 在第二期投资。

在情形一中，M 和 S 以及企业已经形成企业集团在先，银行做出是否贷款的决策在后。在第一期，如果 M 得到贷款则进行投资。接下来 M 确定其产品的价格，S 确定其产品价格，价格决定了产量水平。第一期末，M 的选择是偿还债务还是违约取决于哪一种选择的收益最大。M 行动后，银行 B 能够做出对 S 是否贷款的决策。在第二期 S 进行投资，然后 S 确定在第二期的价格与产量。情形一的投资时序结构如图 4-1 所示。

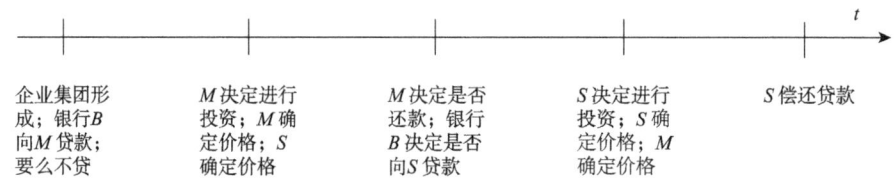

图 4-1 情形一的投资时序结构

为了得到一个自我履行契约，本书设定一些重要假设以保证企业不存在因投资利用自有资金或股权等其他融资方式的激励。

假设 4-1：$\frac{1}{16}\left[(1-c_L-k_L)^2-(1-c_L-k_H)^2\right]<I^S$，其含义是，$S$ 在第二期投资产生的收益低于投资成本，这说明 S 不会采用其他融资方式筹措资金进行投资，银行也不会发放等额贷款 I^S。

假设 4-2：$\frac{3}{16}\left[(1-c_L-k_L)^2-(1-c_L-k_H)^2\right]<I^S$，且 $\frac{3}{8}\left[(1-c_L-k_H)^2-(1-c_H-k_H)^2\right]<I^M$，其含义是，$M$ 和 S 双方的投资增加了联合收益并且大于双方投资之和，因此对双方来说，投资是有利可图的。原因是集团型组织结构使某一成员企业的投资对另一成员企业产生了外部性使得投资对双方收益产生的影响不同于对其中一方企业收益的影响。

假设 4-3：$\frac{3}{16}(1-c_L-k_H)^2 < I^S$，其含义是，$M$ 和 S 在第一期的利润总和小于第二期的投资成本。

根据以上假设可以得到 I^S 的阈值区间。阈值区间的上限由假设 4-2 决定，下限由假设 4-1 或假设 4-3 决定，但这取决于 k_H。k_H 越大，由假设 4-1 或假设 4-3 决定下限的可能性越小。图 4-2（a）显示的是当假设 4-1 不变时的参数范围，图 4-2（b）显示的是当假设 4-3 不变时的参数范围。

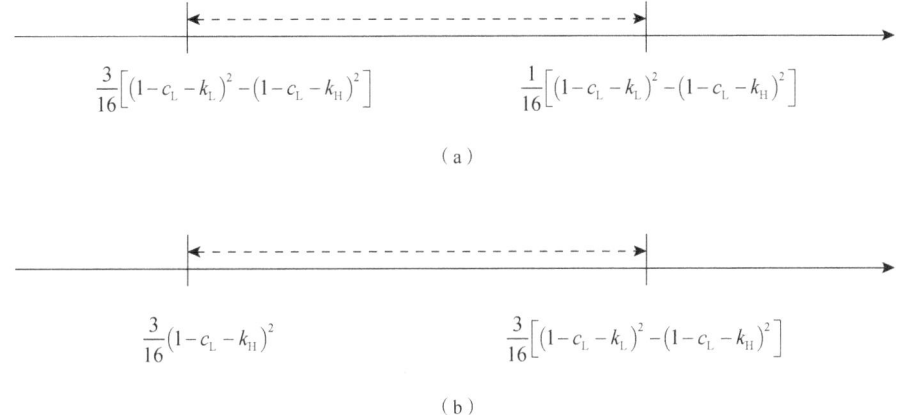

图 4-2 阈值的参数空间

命题 4-1：在情形一中，只有当第一期的还款额 $Z_1^M \geq I^S + I^M + \frac{(1-c_L-k_H)^2}{16} - \frac{(1-c_L-k_L)^2}{16}$ 时，银行 B 才提供贷款；在第二期，银行 B 要求还款额 $Z_2^S = \frac{(1-c_L-k_L)^2}{16} - \frac{(1-c_L-k_H)^2}{16}$。

证明：

假设 M 已将成本减少到 c_L，S 在第二期的投资结果不会比没有信贷资金时的投资更差，那么 S 的参与约束为

$$\frac{(1-c_L-k_L)^2}{16} - Z_2^S \geq \frac{(1-c_L-k_H)^2}{16} \qquad (4-1)$$

银行 B 将增加 Z_2^S 从而使 S 的参与约束趋紧。如果银行 B 从与 M 和 S 的两期关系中所获得的收益为非负，那么银行 B 将提供贷款。

代入最优 Z_2^S，则银行 B 的零利润约束可以写成：

$$Z_1^M + \frac{(1-c_L-k_L)^2}{16} - \frac{(1-c_L-k_H)^2}{16} - I^S - I^M = 0 \quad (4-2)$$

解得第一期的还款为

$$Z_1^M = I^S + I^M + \frac{(1-c_L-k_H)^2}{16} - \frac{(1-c_L-k_L)^2}{16} \quad (4-3)$$

证毕。

在参数假设中我们已经假定因为项目利润太低 S 不可能采用其他融资方式筹措投资所需的资金，但是对于企业集团，由于 S 投资 I^S 对 M 具有外部性，所以投资是有利可图的。由命题 4-1 可知，银行 B 在第二期要求的还款额 Z_2^S 不可能超过 S 投资 I^S 所带来的收益，否则会影响 S 的参与积极性。由于 Z_2^S 小于 I^S，银行 B 存在一个预期损失，那么只有当第二期的损失被 M 在第一期的还款额补偿时，银行 B 才可能发放贷款。因此，M 必须补贴 S 在第二期的投资。

命题 4-2：在情形一中，当 $\frac{3}{16}\left[(1-c_L-k_L)^2 - (1-c_L-k_H)^2\right] \geq I^S + I^M$，$\frac{1}{16}\left[(1-c_L-k_L)^2 - (1-c_L-k_H)^2\right] \geq I^S + I^M$ 时，组成企业集团可以解决事后的道德风险问题。

证明：

对于 M，第一期后的最优选择是还款。其激励相容约束为

$$\frac{(1-c_L-k_L)^2}{8} - Z_1^M \geq \frac{(1-c_L-k_H)^2}{8} \quad (4-4)$$

由于 $Z_1^M = I^S + I^M + \frac{(1-c_L-k_H)^2}{16} - \frac{(1-c_L-k_L)^2}{16}$，故

$$\frac{3}{16}\left[(1-c_L-k_L)^2 - (1-c_L-k_H)^2\right] \geq I^S + I^M \quad (4-5)$$

M 的激励相容约束能够保证其在第一期得到资金进行投资，也就是说，

$$\frac{(1-c_L-k_L)^2}{8} + \frac{(1-c_L-k_H)^2}{8} - Z_1^M \geq 0 \quad (4-6)$$

而且，第一期产生的利润必须足够高，可用来偿还 Z_1^M。则流动性约束满足

$$\frac{(1-c_L-k_H)^2}{8} - Z_1^M \geq 0 \quad (4-7)$$

代入式（4-3）得

$$\frac{1}{16}\left[(1-c_L-k_L)^2 - (1-c_L-k_H)^2\right] \geq I^S + I^M \quad (4-8)$$

证毕。

命题 4-2 表明在什么情况下自我履行契约具有可行性。在这里，存在两个外部性。首先，由于集团型组织（垂直结构），S 的投资对 M 的收益有积极影响。因为增加 I^S 使 S 的产量增加且产品成本减少到 k_L；同时，S 和 M 的利润都增加。其次，M 的违约对 S 产生负的外部性，如果 M 到期不还款，银行 B 不会在第二期贷款给 S，因为银行 B 预期会有损失。因此，M 的违约将妨碍 S 进行的投资，从而影响到 S 对 M 产品的需求，因此 M 将失去潜在利润 Π^M。给定命题 4-2 中的条件，还款对 M 来说是最优选择。这里，只要 $(1-c_L-k_L)^2 > 2(1-c_L-k_H)^2$，且 M 的流动性得以满足，则 M 的激励相容约束总是有效的。因为 S 的成本减少对消除 M 的违约动机有额外的效果，如果 M 违约则不能享受到第二期增加的利润。M 还款的激励随着 k_L 的降低而增加，因为 S 的成本越低则对中间产品的需求越多，则 M 在第二期的利润越多。

情形二：S 在第一期投资，M 在第二期投资。

接下来，我们讨论情形二，即 S 在第一期投资，M 在第二期投资，所有行动类似情形一。情形二的投资时序结构如图 4-3 所示。同样设定三个重要假设前提。

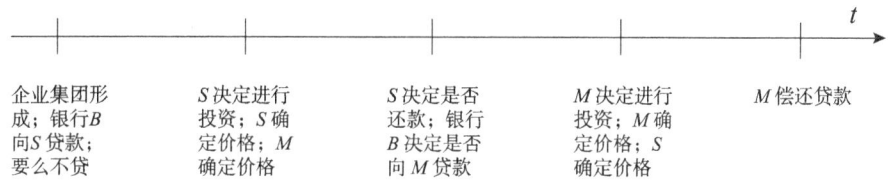

图 4-3 情形二的投资时序结构

假设 4-4：$\dfrac{1}{8}\left[(1-c_L-k_L)^2-(1-c_H-k_L)^2\right]<I^M$，其含义是，$M$ 产生的利润太低，且小于投资成本，因此 M 不会采用其他融资方式筹措资金进行投资，银行也不会发放等额贷款。

假设 4-5：$\dfrac{3}{16}\left[(1-c_L-k_L)^2-(1-c_H-k_L)^2\right]>I^M$，且 $\dfrac{3}{8}\left[(1-c_H-k_L)^2-(1-c_H-k_H)^2\right]>I^S$，其含义是，$S$ 和 M 双方的投资产生的联合收益大于投资成本。

假设 4-6：$\dfrac{3}{16}(1-c_H-k_L)^2<I^M$，其含义是，$S$ 和 M 在第一期的收益总和小于第二期的投资成本，即企业集团在第二期没有足够的现金进行投资。

命题 4-3：在情形二中，只要第一期的还款额 $Z_1^S \geq I^S+I^M+\dfrac{(1-c_H-k_L)^2}{8}-\dfrac{(1-c_L-k_L)^2}{8}$，银行将提供贷款。在第二期，银行要求的还款额 $Z_2^M=$

$$\frac{(1-c_L-k_L)^2}{8} - \frac{(1-c_H-k_L)^2}{8}。$$

在第二期，M 投资产生的利润小于投资成本，因此 M 不可能为项目进行股权融资。此时，银行 B 存在一个预期损失，只有第二期的损失被 S 在第一期的还款额补偿，银行 B 才可能发放贷款。

命题 4-4：在情形二中，当 $\frac{3}{16}\left[(1-c_L-k_L)^2 - (1-c_H-k_L)^2\right] \geq I^S + I^M$ 且 $\frac{1}{16}\left[2(1-c_L-k_L)^2 - (1-c_H-k_L)^2\right] \geq I^S + I^M$ 时，组建企业集团可以解决事后"敲竹杠"的道德风险问题。

证明：

还款必须满足 S 的激励相容约束与流动性约束。

还款 Z_1^S 的激励相容约束可写成

$$\frac{(1-c_L-k_L)^2}{16} - Z_1^S \geq \frac{(1-c_H-k_L)^2}{16} \tag{4-9}$$

由银行 B 的参与约束知

$$Z_1^S = I^S + I^M + \frac{(1-c_H-k_L)^2}{8} - \frac{(1-c_L-k_L)^2}{8} \tag{4-10}$$

把式（4-10）代入式（4-9）中得

$$\frac{3}{16}\left[(1-c_L-k_L)^2 - (1-c_H-k_L)^2\right] \geq I^S + I^M \tag{4-11}$$

这一条件保证了 S 偏向于有信贷资金支持的投资。在任一期中，依靠信贷融资产生的投资利润是 $\Pi_1^S = \frac{(1-c_H-k_L)^2}{16}$。而且，$S$ 在第一期的利润必须足够高到能够偿还 Z_1^S。

形式上，S 的流动性约束可以写成：

$$\frac{(1-c_H-k_L)^2}{16} - Z_1^S \geq 0 \tag{4-12}$$

把式（4-10）代入式（4-12）中得

$$\frac{2}{16}\left[2(1-c_L-k_L)^2 - (1-c_H-k_L)^2\right] \geq I^S + I^M \tag{4-13}$$

证毕。

与情形一的结论一样，银行 B 可能利用企业集团两种外部性设计一种自我履行契约。S 还款的决定影响了 M 的投资机会，因而增加了自身的利润，因为 M 的投资增加了 Π^S。

命题 4-2 和命题 4-4 说明，第二期的成本削减（规模经济）起了关键作用。在情形一中，如果第二期 S 投资 I^S 引致的成本减少超过了命题 4-2 中所述的关键值，则 M 有还款的激励。同理，在情形二中，由 M 投资 I^M 引致的成本减少必须足够高到使 S 有还款的激励。总之，第二期的成本消减越大（规模经济效应越明显），则外部经济（效应）越大，这种外部经济能够增加企业第一期投资在第二期的利润。因此，在第一期还款的激励增加。通过比较两种情况中的结果，可以发现在情形一中，S 在第二期进行投资所产生的经济外部性要更高。

通过对企业集团的理论分析，我们可以发现 $M(S)$ 投资所引致的外部性施加于 $S(M)$ 为 $M(S)$ 提供了还款的激励。对于独立结构的企业，不存在类似的外部经济，因而解决事后道德风险的自我履行契约在这类组织情境下是不可能存在的。

4.3.2 债务契约自我履行的限制条件与投资秩序

无论是 M 还是 S 在第一期投资，当把企业集团看成契约的自我履行机制时，三个限制条件必须满足：第一，成员企业在第一期产生的利润必定不会超过第二期的投资支出。否则，企业集团会利用内部资本市场为第二期的投资进行融资。在这一情况下，第一期投资的企业不会有还款的激励，因此，在第一期银行不会发放贷款。第二，第一期投资的企业所产生的利润必须能够高到偿还银行贷款，此时银行这笔贷款刚好盈亏平衡。因为银行在第二期有一个预期损失，所以在第一期银行必须有正的利润。银行在第二期的损失必须由第一期投资的企业来补偿，或者说，这是对第二期投资的企业的一个补贴。第二期投资的企业利润在第二期增加越多，所需要的补贴就越少。第三，第一期投资的企业必须有还款的激励。一般来说，企业要么还款从而补贴第二期投资的企业，要么违约。激励相容机制保证了第一期投资的企业会偿还其自身的借款，如果第二期投资引致的成本递减效应比第一期更强，则激励相容机制更可能起作用。这意味着，来自第二期的投资所产生的外部经济（外部性）更高。因此，第二期的投资大大增加了第一期投资的企业利润；而且，第二期投资的企业利润更高，因而要求的补贴更低。这也就缓解了第一期投资的企业所面临的流动性约束。企业集团内企业的利润基本上受两个因素影响：一是第一期和第二期带来的成本减少量；二是事后道德问题的解决引致的第一期投资的可能性。如果契约得以履行，但当资金不足以现时进行两个企业的投资时，成本减少更多的投资应该在第一期进行，强调实现第一期投资是首要条件，否则第一期的成本减少将不会实现，从而不可能有第二期投资。

在我国民营企业中，对于由自然人或家族控股的民营企业而言，其非国有性质在融资时受到一定的政策限制，融资渠道不畅，与国有企业相比较，民营企业在获取银行信贷方面受到银行的信贷歧视（卢峰和姚洋，2004）。因此，民营企业普遍存在较大的资金需求缺口，融资约束问题明显，于是通过买壳造系，利用复杂的股权结构控制上市公司进行资金融通增加担保潜质就成为民营企业集团形成的重要动机。

4.4 本章小结

本章的模型解释了在制度缺失或不完善的环境下企业集团是一个契约自我履行机制。在企业集团中，成员企业的行为通过内部资本市场的联结使得相互之间具有外部性，如果债务在第一期得到偿还的保证，那么在第二期，集团成员企业的投资项目将容易得到银行下一次的信贷资金。企业旨在追求规模经济的成本削减型投资和企业集团内部资本市场的外部效应，即在投资是连续的前提下，独立企业之间有组建企业集团的激励，这可以解决事后的道德风险问题，从而提升企业获取银行信贷资金的能力。

本章通过理论分析得到如下结论：首先，在其他条件相同的情况下，集团成员公司获取的银行贷款率更高、贷款期限更长；其次，在其他条件相同的情况下，民营化会降低集团化的贷款效应，而且主要表现在贷款期限效应上；最后，集团化公司获得的贷款担保多于可比公司。

第 5 章 集团化经营与企业债务过剩

5.1 引　　言

　　2008 年金融危机爆发以来，我国政府、企业、居民等部门负债水平不断攀升，经济呈现高杠杆运行特征，截至 2014 年我国社会整体的累计杠杆率达到 240%。从企业微观层面的历史数据来看，负债最多的 50 家上市公司在 10 年间的负债大幅增加。其中，负债最多的前 6 家企业是中国石油、中国建筑、中国石化、中国铁建和中国交建，这几家企业是我国国有经济中的大型企业集团，分子公司众多、资产规模庞大，但其债务问题对国民经济的冲击影响深远。企业集团已经成为我国企业存在的主要组织形态，根据本章的数据，截至 2014 年中国上证 A 股制造业企业集团比例已经高达 76%，但是企业集团裙带资本主义使得企业集团借贷更为容易，造成道德风险，进而引发经济危机，新兴市场的企业集团是"典范还是寄生虫"仍是不解之谜（Khanna and Yafeh，2007）。因此，本章尝试探究集团控制是否会导致上市公司债务过剩，并分析其内在机理。

　　企业集团在经济学的概念中被定义为一系列的公司通过纵向的金字塔式的股权或横向的交叉持股形成的联合体（Khanna，2000），这类企业通常涉及多个行业，并且普遍存在于经济不发达、市场制度不健全的转型经济或发展中国家（Khanna and Yafeh，2007）。企业集团的研究在 20 世纪 80 年代兴起，主要围绕企业集团为什么存在这个话题，国外学者给了一些解释。第一，外部资本、劳动力和产品市场欠发达，企业集团的内部资本市场可以缓解外部市场的缺陷。第二，组建企业集团缓解了股东的财务约束，特别是金字塔股权结构下最大限度地增大了控股股东的财务资源（Almeida and Wolfenzon，2006）。第三，政府的角色，新兴市场的企业集团常常是在政府支持下产生的，如印度、中国、俄罗斯在经济转型时期政府政策一手推进了企业集团的崛起（Khanna and Yafeh，2007）。企业集团从 20 世纪 80 年代开始在我国市场上大量出现，国内学者继此之后对我国的企业集团发展历史和诱因展开研究，认为企业集团构建首先是对外部落后的制度环境的一种反映，其次受到政府政策的干预（黄俊和张天舒，2010）。不可否认，政府推动我国工业化和经济发展的政策对我国集团企业的形成产生了重要影响，如国务院制定了"发挥优势、保护竞争、推动联合"的方针。集团经营更是市场自我选择的一种结果，20 世纪 80 年代初我国市场产权保护薄弱，制度环境落后，企业集团组建有利于缓解外部落后的基础设施、稀缺的人力资源和欠发达的信贷市场（Fisman and Khanna，2004）。因此在这一经济时期企业集团内部资本市场的作用开始凸显，内部资本市场有利于缓解外部市场的融资约束，集团内部企业不相关现金流共同保险的财务协同效应分散风险，这种协同效应缓解集团整体面临外部的信用约束，从而具有"多钱效应"。同时，集团总部与各个部门的信息不对称程度相较于外部市场大大降低，内部资本市场保留了剩余控制权，总部根据部门的投资报酬水平排序，实现"优胜者选拔"达到"活钱效应"，缓解内部成员的融资约束（Stein，2002）。国内学者针对我国内部资本市场效率进行了大量的研究，邵军和刘志远（2006）从理论模型上证明了企业集团内部资本市场缓解成员企业融资约束以及协同作用增强对外部信贷的获取能力；易兰广（2014）、银莉和陈收（2010）发现我国企业集团内部资本市场是有效的，集团内部资本市场对外部融资约束具有替代效应，亦有文献讨论了内部资本市场的负面效应，如集团内部（如金字塔股权结构下）的大小股东利益冲突使得内部资本市场成为利益输送渠道（Baek et al.，2006），内部资本市场的寻租行为导致低效率的"交叉补贴"（Scharfstein and Stein，2000）以及集团内部软预算约束带来的过度投资等。

已有学者在研究集团内部资本市场时主要集中研究以下四个方面：一是内部资本市场配置效率（杨棉之等，2010）；二是内部市场缓解成员企业融资约束的功能（周业安和韩梅，2003）；三是内部资本市场对外部资本市场的替代作用（陆军荣，2005）；四是内部资本市场对外部信贷融资获取的正面效应（邵军和刘志远，2006）。这些研究存在两点局限性：①讨论了集团内部风险互担对外部融资的正面促进作用，但是没有关注当前形势下集团内部成员企业之间直接的担保、抵押行为可能带来的债务危机，尤其是在量化宽松时期宏观货币政策可能通过微观主体内生互动放大政策效果（刘海明和曹廷求，2016）。②研究了内部资本配置对资源配置效率的负面作用，却未关注到这种配置行为可能加剧上市公司的债务问题。因此本章从以下三点进行展开：第一，当前经济形势下企业集团是否诱发上市公司债务过剩。第二，探究外部资本市场如何作用于内部资本市场，与债务过剩有怎样的关系。第三，内部资本市场的资源配置行为加剧债务过剩了吗。

5.2 文献回顾与研究假设

5.2.1 集团控制、担保与债务过剩

集团内部资本市场具备加大外部融资优势和内部资本配置的功能，对上市公司的负债水平存在以下三点影响：第一，内部资本配置，形成成员企业之间相互借贷、委托贷款、资金拆借、票据贴现和关联资金交易等方式缓解内部融资约束问题，绕开了外部融资渠道，因此在一定程度上增加了成员企业的非银行借款。而且内部资本市场规模越大，上市公司越倾向利用非银行借贷（韩亮亮等，2008）。第二，企业集团往往伴随多元化，多个成员企业之间的现金流存在不相关性，而内部资本市场的资金调动使得不相关现金流形成风险互担的优势，可以减少成员企业破产的风险，有利于企业从银行获取贷款（Lewellen，1971）。第三，我国企业集团多呈现金字塔结构，这种结构具有"杠杆融资"的作用，集团企业内部通过成员之间的相互担保获取信贷融资，通过资本和股权纽带，成倍地放大了企业的债务规模（李增泉等，2008）。

当然，集团控制并不意味着一定会导致上市公司债务过剩问题，在外部制度缺失或环境不完善普遍存在对企业的融资约束时，企业集团化经营可以看成一个债务契约的自我履行机制。第 4 章已经论证得出，企业集团成员企业的行为通过内部资本市场的联结相互之间具有外部性，如果债务在第一期得到偿还的保证，那么在第二期，集团成员企业的投资项目将容易得到银行下一次的信贷资金。企业旨在追求规模经济的成本削减型投资和企业集团内部资本市场的外部效应，在投资是连续的前提下使独立企业之间有组建企业集团的激励，并且可以自我实现对债务契约的履行，不会造成债务过剩。内部市场的运行机制依赖于外部环境，其运行有效的基本前提是企业普遍存在外部融资约束。在我国企业债务过剩问题普遍存在的经济形势下，集团控制导致上市公司债务过剩可能产生于以下几点原因：一是天量信贷计划和宽松的货币政策大大缓解了企业外部的融资约束，企业集团债务自我履行激励前提条件不复存在，集团企业更容易通过内部资本市场优势获得外部信贷。邵军等（2013）研究了金融冲击对内部资本市场的影响，发现金融危机后集团内部资本市场被外部债务市场所替代。二是我国企业集团内部关联担保泛滥，成为外部债务市场作用于内部资本市场的传导机制。潘红波和余明桂（2010）研究发现集团内部的关联担保增加了上市公司的融资便利，集团控股股东利用这种便利进行过度投资。李明明和刘海明（2016）基于内部资本市场视

角也发现上市公司的投资机会与获得集团关联担保正相关。刘海明和曹廷求（2016）通过研究担保圈还证实了类似于企业集团内部关联担保的这种微观主体互动对宏观货币政策的传导机制，强化了货币量化宽松带来的经济后果。三是近年来受国家宏观经济政策的影响，部分行业开始出现产能过剩，而且新增产能仍在不断增加，过度扩张企业规模，存在盲目投资倾向。韩国高等（2011）对制造业的过度投资研究证明了这一点。因此，当外部融资约束得以缓解，集团企业存在规模扩张动机时，银行信贷就成为企业扩张的资金来源，而集团内部担保就成为内部资本市场与外部债务市场联系的一根纽带。

基于以上理论分析构建了集团控制、担保与债务过剩形成的机理图（图5-1），企业集团化经营与企业债务过剩的形成过程呈现出螺旋上升的动态变化特征。集团企业内部成员企业之间通过相互担保抵押获得债务融资，从而以贷款投资新的项目或收购其他公司的股权，集团化经营规模进一步扩大，关联企业之间又可以通过担保及重复担保获得新的融资。这种收购与担保的交替动态过程导致了两种经济后果：一是基于资产规模扩张的盲目投资；二是基于频繁担保的资产负债表恶化，而这两者共同作用导致上市公司出现债务过剩。基于以上分析，本章提出假设5-1和假设5-2：

假设5-1：集团控制与上市公司债务过剩正相关。

假设5-2：担保贷款在集团控制与债务过剩的关系中具有中介作用。

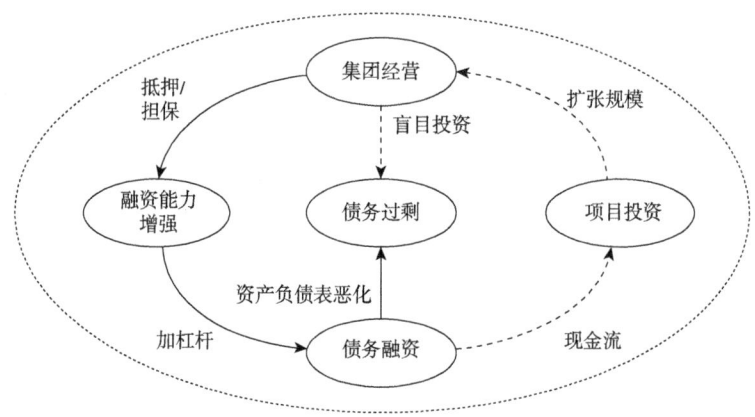

图5-1 企业集团与债务螺旋上升关系逻辑

5.2.2 集团控制、资金配置与担保

企业内部资本市场有效性一直是学者们讨论的热点话题，亦有大量学者提出内部资本市场无效论的观点。主要表现在企业集团内部无效率的资金分配：当企

业集团面临负面的外部经济冲击时,为了避免经营业绩较差,投资机会小的弱势成员企业倒闭或者退出,集团会将拥有良好投资机会的上市公司或者其他成员的资金投入这些部门,造成好的企业投资不足,差的企业投资过度。Stein(2002)将内部资本市场的这种行为称为"交叉补贴",认为企业的经理经常为了构建企业帝国,而不愿意使业绩差的企业倒闭,分散化的企业会使用优势企业的资金补贴弱势企业。这种现象在国有企业中更为普遍,因为国有企业面临着更大的社会压力,因此不得不对弱势部门进行补贴。同时,Rajan 等(2000)研究也表明,成员企业的经理游说能力以及企业内部的寻租会导致集团母公司在进行资源分配时将拥有良好投资机会的企业资金分配给投资机会缺乏的分部。王峰娟和邹存良(2009)也发现集团企业内部组织规模过大,信息传递效率低下,子公司众多加剧了相互之间的竞争,"交叉补贴"现象难以避免。在我国经济增速放缓,部分行业开始出现产能过剩的形势下,大量企业面临着破产或倒闭压力,而宽松的金融和信贷环境下,集团母公司可能利用上市公司的融资优势从外部市场上获取信贷融资,通过内部资本市场的资金配置将上市公司的资金补贴给弱势企业。因此上市公司对外补贴会加大集团通过内部资本市场运作帮助上市公司获得担保贷款发生的力度。图 5-2 参考潘爱玲和李慧(2013)的研究,表达了内外部资本市场之间的关系,以及内部资本市场的资金配置行为。担保作为内外部资本市场的纽带扩大了企业集团整体对外融资水平,而内部资金配置行为可能影响这一纽带作用的发挥,基于此提出假设 5-3:

假设 5-3:上市公司对外资金配置在集团控制与担保的关系中具有正向调节作用。

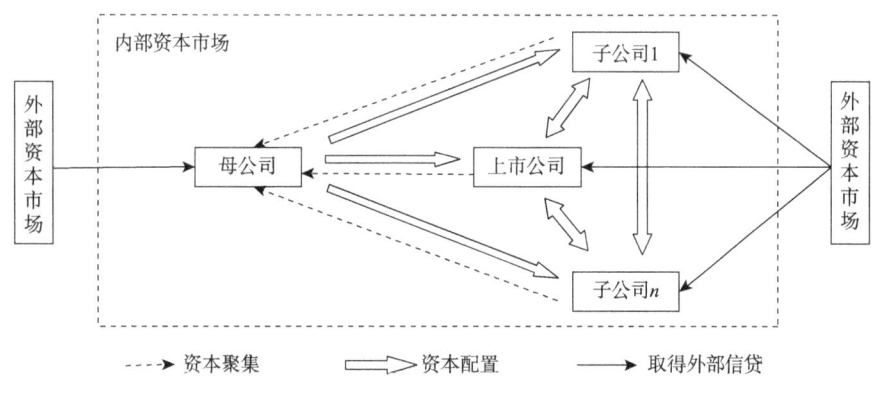

图 5-2 企业集团内部资本市场资本流动

本章构建了集团内部资本市场行为导致上市公司债务过剩的逻辑思路图,如图 5-3 所示。

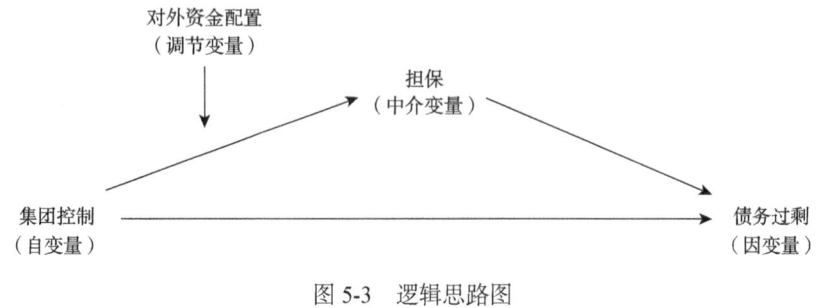

图 5-3　逻辑思路图

5.3　研究设计

5.3.1　样本选择与数据来源

制造业作为我国支柱产业也是我国第一大产业。早期，制造型企业为追求规模经济导致整个制造业的集团化水平达到相当高的程度。我国 20 世纪 80 年代初期最早组建经济联合体的是长春一汽、武汉二汽，都来自汽车制造行业。而近年来制造业受投资驱动模式的影响，出现严重的产能过剩，随之而来的可能就是债务危机。因此本章选取上证 A 股制造业 2011~2014 年的上市公司为样本，剔除 ST 公司、缺少银行贷款信息公司、缺少成长性等指标数据公司，共取得 1 800 个观测值。债务过剩相关指标、担保贷款、公司治理相关指标、股权集中度都来自 CSMAR 数据库，集团控制指标通过对 CSMAR 数据库中的控制人文件逐个识别得到。缺失数据通过巨潮资讯网查询上市公司年报获得。

5.3.2　关键变量

被解释变量：债务过剩（Overhang）。现有研究对债务过剩有不同的界定。Caskey 等（2012）将负债率分为目标负债率和过度负债率，通过实际负债率与目标负债率比较判断是否过度负债，但是这种衡量方法相对简单、误差较大、解释力不强。Caballero 等（2008）提出"僵尸企业"这一概念，并从财务困境和结构困境两个维度进行识别，但是这种方法比较复杂，难以精准确定指标的下限。本章采用第 3 章介绍的债务过剩第二种测度方法，即借鉴 Costanzo 等（2013）的方法，从偿还债务和利息的能力两个维度构建过度负债指标 DEBT 与债务持续性指标 NSD。

$$DEBT = \alpha_1 \frac{TA}{N} + \alpha_2 \frac{FD}{N} + \alpha_3 \frac{CL}{FD} + \alpha_4 \frac{FD}{CF} + \alpha_5 \frac{TA}{WK} + \alpha_6 \frac{CL}{CA} + \alpha_7 \frac{NFP}{TA}$$
$$+ \alpha_8 \frac{CL}{PLAT} + \alpha_9 \frac{NFP}{PLAT} + \alpha_{10} \frac{NTCA}{N} + \alpha_{11} \frac{TFA}{LTD+N} \quad (5\text{-}1)$$

$$NSD = \delta_1 \frac{IP}{EBIT} + \delta_2 \frac{IP}{EBTDA} + \delta_3 \frac{IP}{CF} \quad (5\text{-}2)$$

大量的实证研究表明，资产负债表中相关的财务指标存在阈值，并且不同区间的财务比率象征着不同的财务状况。本章借鉴相关的财务指标的阈值如表 3-4 所示。同时借鉴其指数构建的方法，运用主成分分析法确定 DEBT 和 NSD 中相关财务指标的系数，并通过相关财务指标的阈值和系数确定 DEBT 和 NSD 指数的阈值。根据两个指数的阈值构建了 3×3 的二维矩阵，如表 5-1 所示。

表 5-1　债务过剩指数与财务状况

区间	NSD<阈值1	阈值1<NSD<阈值2	NSD>阈值2
DEBT<阈值1	OI=1 优良	OI=2	OI=3
阈值1<DEBT<阈值2	OI=4	OI=5 正常	OI=6
DEBT>阈值2	OI=7	OI=8	OI=9 困境

当 DEBT 和 NSD 都低于阈值 1 时，财务状况最好（OI=1），当两个指数都大于阈值 2 时，财务状况是最差的（OI=9），将 OI=9 的上市公司定义为债务过剩的公司。

$$OI_{INDEX} = \{DEBT_{INDEX} > 阈值2; NSD_{INDEX} > 阈值2\} \quad (5\text{-}3)$$

解释变量：集团经营（Group）。参考关于集团企业变量的定义（辛清泉等，2007），识别控制人文件，如果第一大股东为集团公司或者具有集团职能的公司，认为上市公司属于集团经营；如果第一大股东为各级国资委、政府机构或者其他自身不从事实业经营的投资公司，则认为是独立经营。当上市公司是集团经营时取值 1；否则取 0。

中介变量：担保（Secure）。当公司发生担保贷款时取值 1；否则取 0。

调节变量：资金配置（Give）。参考计方与刘星（2014）关于集团成员企业之间融资的度量，用其他应收款净额/期末总资产来衡量上市公司对外的资金配置。

控制变量：根据以往的文献（陆正飞等，2015；潘红波和余明桂，2010；王琨等，2014）选取资产规模（Size）、总资产回报率（Roa）、行业平均负债（IndLevb）、固定资产占比（Fata）、成长性（Growth）、管理费用率（Manage）、账面市值比（Bm）、行业虚拟变量（Industry）、年度虚拟变量（Year）作为控制变量。如表 5-2 所示。

表 5-2 变量描述表

变量类型	变量代码	变量名称	定义及计算公式
被解释变量	Overhang	债务过剩	OI=9 时取值 1；否则取 0
解释变量	Group	集团经营	集团经营时取值 1；否则取 0
中介变量	Secure	担保	发生担保贷款取值 1；否则取 0
调节变量	Give	资金配置	其他应收款净额/期末总资产
控制变量	Size	资产规模	期末总资产的自然对数
	Roa	总资产回报率	净利润/期末总资产
	IndLevb	行业平均负债	细分行业资产负债率平均数
	Fata	固定资产占比	固定资产/期末总资产
	Growth	成长性	本期主营收入/上期主营收入-1
	Manage	管理费用率	管理费用/营业收入
	Bm	账面市值比	账面价值/公司市值
	Industry		行业虚拟变量
	Year		年度虚拟变量

5.3.3 实证模型

1. 集团控制与债务过剩的关系检验

为了检验集团控制与债务过剩之间的关系建立模型如下：

$$\begin{aligned}\text{Probit}(\text{Overhang}) = &\beta_0 + \beta_1 \text{Group} + \beta_2 \text{Size} + \beta_3 \text{Roa} + \beta_4 \text{IndLevb} + \beta_5 \text{Fata} \\ &+ \beta_6 \text{Growth} + \beta_7 \text{Manage} + \beta_8 \text{Bm} + \beta_9 \text{Industry} \\ &+ \beta_{10} \text{Year}\end{aligned} \quad (5\text{-}4)$$

2. 集团控制与债务过剩——基于担保的中介效应检验

为了检验担保在集团控制与债务过剩之间的关系的中介效应建立模型如下：

$$\begin{aligned}\text{Probit}(\text{Secure}) = &\beta_0 + \beta_1 \text{Group} + \beta_2 \text{Size} + \beta_3 \text{Roa} + \beta_4 \text{IndLevb} + \beta_5 \text{Fata} \\ &+ \beta_6 \text{Growth} + \beta_7 \text{Manage} + \beta_8 \text{Bm} + \beta_9 \text{Industry} \\ &+ \beta_{10} \text{Year}\end{aligned} \quad (5\text{-}5)$$

$$\begin{aligned}\text{Probit}(\text{Overhang}) = &\beta_0 + \beta_1 \text{Group} + \beta_2 \text{Secure} + \beta_3 \text{Size} + \beta_4 \text{Roa} \\ &+ \beta_5 \text{IndLevb} + \beta_6 \text{Fata} + \beta_7 \text{Growth} + \beta_8 \text{Manage} \\ &+ \beta_9 \text{Bm} + \beta_{10} \text{Industry} + \beta_{11} \text{Year}\end{aligned} \quad (5\text{-}6)$$

最后根据 Sobel 检验的思路，通过对上述模型的相关系数进行计算，检验异质担保的中介效应。Sobel 参数计算公式如下：

第 5 章 集团化经营与企业债务过剩

$$Z_{\text{Sobel}} = \frac{a \times b}{\sqrt{b^2 \times \text{Se}_a^2 + a^2 \times \text{Se}_b^2}} \quad (5\text{-}7)$$

其中，a 为 Group 与 Secure 关系检验模型中 Group 项的回归系数；Se_a^2 为 Group 系数的标准差；b 为 Group、Secure 与 Overhang 关系检验模型中 Secure 项的回归系数；Se_b^2 为 Secure 系数的标准差，若在统计意义上显著，则表明异质担保的中介效应显著。

3. 集团控制与担保——基于资金配置的调节效应检验

为了检验上市公司对外资金配置在集团控制与担保关系的中介效应建立模型如下：

$$\begin{aligned}\text{Probit}(\text{Secure}) = & \beta_0 + \beta_1 \text{Group} + \beta_2 \text{Give} + \beta_3 \text{Group} \times \text{Give} + \beta_4 \text{Size} \\ & + \beta_5 \text{Roa} + \beta_6 \text{IndLevb} + \beta_7 \text{Fata} + \beta_8 \text{Growth} + \beta_9 \text{Manage} \\ & + \beta_{10} \text{Bm} + \beta_{11} \text{Industry} + \beta_{12} \text{Year}\end{aligned} \quad (5\text{-}8)$$

5.4 实证检验及分析

5.4.1 描述性统计

通过表 5-3 可以观察到：在我国上证 A 股制造业中债务过剩公司的比率达到了 11.6%，说明制造业公司债务过剩现象已经十分严重。如果将矩阵中 OI=Ⅰ、Ⅱ、Ⅳ象限（从左至右）的上市公司划分为财务状况良好的公司，这三类公司合计占比仅为 53.9%。可以看出我国制造业上市公司财务状况普遍较差。矩阵中 OI=Ⅶ、Ⅸ象限的上市公司已经濒临债务过剩的边缘，这类公司占比达到 12.3%，说明我国制造业上市公司财务状况存在进一步恶化的可能，并且爆发大量债务过剩的风险较大。

表 5-3 债务过剩公司统计表

DEBT	优良 NSD<0.287	正常 0.287<NSD<0.623	困境 NSD>0.623
优良 DEBT<1.875	740（41.1%）	54（3%）	53（3%）
正常 1.875<DEBT<3.227	176（9.8%）	45（2.5%）	21（1.2%）
困境 DEBT>3.227	300（16.7%）	200（11.1%）	211（346）（11.6%）

表 5-4 报告的是描述性统计。我国上证 A 股制造业集团化经营已经成为普遍现象，比例达到 77.1%，制造业集团化水平已经相当高。观察担保变量，发现 81.8%的上市公司都发生了担保贷款，这与沈红波等（2011）研究发现我国上市公司担保贷款比率达到 76%的结果相符。同时，上市公司第三方占款比率达到上市公司总资产的 4.0%，最大值达到 52%。行业平均负债率达到 50.4%，最大值达到 75.2%，制造业行业整体来说负债水平较高。此外，为了验证变量之间的相关性，本章进行了 person 系数检验，检验显示集团控制与债务过剩、担保正相关，担保与债务过剩具有较强的相关性，在 1%水平以下，其他变量之间不存在严重的共线性，本章在这里不加以列示。

表 5-4 描述性统计

变量	均值	中位数	最小值	最大值
Group	0.771	1	0	1
Secure	0.818	1	0	1
Give	0.040	0.016	−0.012	0.520
Size	9.669	9.612	8.410	11.11
Roa	0.031	0.027	−0.243	0.218
IndLevb	0.504	0.514	0.315	0.752
Fata	0.267	0.233	0.030	0.658
Growth	0.131	0.086	0.509	2.732
Manage	0.091	0.071	0.015	0.737
Bm	0.598	0.591	0	1.135

5.4.2 回归分析

表 5-5 报告了集团经营与债务过剩之间关系的检验结果。模型 1 结果显示集团经营与债务过剩在 5%的水平上显著正相关，说明在我国上市公司中集团化引发了债务过剩，证明了假设 5-1。债务过剩二维指标的含义，也证明了集团化一方面增强了上市公司的融资能力，这与国外的研究学者 Stein 和 La porta 等研究结果相同，另一方面也说明集团化使上市公司负债水平过高，业绩下滑难以偿还企业到期债务，这一结果与潘红波和余明桂（2010）发现集团化上市公司贷款会降低银行贷款效率的研究结果有相似之处。同时，模型 2 在模型 1 的基础上加入担保 Secure 后，担保 Secure 与债务过剩 Overhang 在 1%的水平上显著正相关。这说明担保在很大程度上导致了上市公司的债务过剩现象，同时可以观察到 Group 的相关性由 5%水平下降到 10%水平。观察其他控制变量的相关性发现：债务过剩与净资产收益率 Roa 负相关，营利能力越高企业出现债务过剩的可能性越小，与固

定资产占比、行业平均负债正相关，固定资产占比衡量了企业的经营风险，占比越高风险越大，债务过剩发生可能性越高；行业平均负债水平越高，企业个体出现债务过剩的可能性越高。

表 5-5 集团控制、担保与债务过剩回归结果

被解释变量	Overhang	
	模型 1	模型 2
Cons	−3.055*** (−3.93)	−2.984*** (−3.73)
Group	0.215** (2.18)	0.181* (1.80)
Secure	—	0.821*** (5.80)
Size	0.091 (1.06)	0.022 (0.25)
Roa	−1.837*** (−4.51)	−1.599*** (−3.84)
IndLevb	0.909* (1.92)	0.796* (1.65)
Fata	0.874*** (3.68)	0.721*** (2.98)
Growth	0.004 (0.12)	0.000 (0.00)
Manage	−0.686** (−2.45)	−0.619** (−2.28)
Bm	0.824*** (4.21)	0.831*** (4.14)
R^2	0.08	0.11
LR	140.93***	182.00***

*、**和***分别表示在10%、5%和1%的水平上显著（双尾检验）；括号内为 T 值

根据温忠麟等（2005）检验中介效应的思想，表5-6模型3列示了集团经营与担保的回归结果，结果显示集团经营与担保在 1%的水平上显著正相关，说明集团经营下上市公司发生担保的概率显著高于独立经营公司。结合模型 2 与模型 3 的相关结果可以判断，担保在集团化经营与债务过剩的关系中具有中介效应，假设 5-2 得到证明。

表 5-6 集团控制、担保与资金配置回归结果

被解释变量	Secure		
	模型 3	模型 4	模型 5
Cons	−5.905*** (−6.94)	−5.912*** (−6.94)	−6.460*** (−7.29)

续表

被解释变量	Secure		
	模型 3	模型 4	模型 5
Group	0.257*** (2.80)	0.256*** (2.79)	0.048 (0.48)
Give	—	0.015 (0.20)	−0.542*** (−3.60)
Group × Give	—	—	11.08*** (6.32)
Size	0.572*** (6.18)	0.573*** (6.18)	0.631*** (6.57)
Roa	−2.393*** (−4.82)	−2.387*** (−4.79)	−2.157*** (−4.36)
IndLevb	0.991* (1.89)	0.991* (1.89)	0.856 (1.58)
Fata	1.643*** (5.90)	1.645*** (5.90)	1.971*** (6.87)
Growth	0.021 (0.63)	0.021 (0.63)	0.016 (0.47)
Manage	0.024 (0.25)	0.023 (0.25)	−0.094 (−0.64)
Bm	0.334* (1.70)	0.335* (1.71)	0.361* (1.81)
R^2	0.11	0.11	0.16
LR	184.16***	184.20***	253.41***

*和***分别表示在10%和1%的水平上显著（双尾检验）；括号内为T值

模型4加入资金配置（Give）变量，结果显示Give与Secure并不直接相关，说明第三方资金占款并不会直接导致上市公司担保贷款发生概率增加。可能因为一是只有在集团经营下，存在内部资本市场相互担保的功能时才会显著增加担保发生概率，二是只有在集团经营下第三方资金占款衡量的是集团内部的一种资金配置行为，而独立经营第三方资金占款可能是日常经营所形成的。模型5在模型3的基础上加入了Give与Group的交叉项，结果显示交叉项显著为正，与假设5-3相符。这说明集团为了对其他弱势集团成员进行补贴，将上市公司作为融资平台，通过内部资本市场相互担保的功能加大对上市公司担保的力度，而这种"交叉补贴"最终可能会加剧上市公司债务过剩。

表5-7报告了担保的中介效应的Sobel检验结果。检验结果显示担保Secure的Sobel参数的Z检验值为3.39，P值为0.001，在1%的水平上显著，说明担保在集团控制与债务过剩关系中具有中介效应，即集团的内部担保行为诱发了上市公司债务过剩。

第 5 章 集团化经营与企业债务过剩

表 5-7 基于担保的中介效应检验结果

相关参数	模型 5 Group 回归系数	0.083
	模型 5 Group 标准误差	0.023
	模型 6 Secure 回归系数	0.193
	模型 6 Secure 标准误差	0.022
Sobel 检验结果	Z 检验值	3.39
	标准误差	0.005
	P 值	0.001

5.4.3 稳健性检验

本章在实证过程中主要采用 0-1 变量来衡量债务过剩，因此债务过剩的阈值如果定义不精确对结果会产生较大的影响，变量的可靠性下降。本节采用张会丽和陆正飞（2013）的模型，用公司实际的资产负债率减去预计资产负债率，其差额作为过度负债率衡量企业偏离最佳负债比率的程度。该变量是一个连续变量，增加了变量的可靠性。通过 OLS 回归结果发现集团经营（Group）、担保（Secure）与过度负债率仍然正相关，与债务过剩模型中的结果一致，结果具有稳健性，如表 5-8 所示。

表 5-8 稳健性检验

被解释变量	ExLevb（过度资产负债率）	
Cons	0.016 （0.08）	0.047 （0.24）
Group	0.042* （1.87）	0.040* （1.77）
Secure	—	0.063** （2.49）
Size	−0.004 （−0.45）	−0.007 （−0.76）
Roa	0.349*** （3.95）	0.370*** （4.18）
IndLevb	0.059 （0.46）	0.051 （0.41）
Fata	0.174*** （2.69）	0.152** （2.34）
Growth	−0.064 （−1.59）	−0.068* （−1.65）
Manage	0.116*** （4.60）	0.117*** （4.64）
Bm	−0.078* （−1.67）	−0.083* （−1.68）
R^2	0.07	0.07
F	7.28*** （0.00）	8.65*** （0.00）

*、**和***分别表示在 10%、5%和 1%的水平上显著（双尾检验）；括号内为 T 值

5.5 本章小结

本章首先将内部资本市场行为定义为内部担保和内部资金配置，并以内部担保为内外部资本市场的纽带，分析了其导致债务过剩的机理；其次分析了资金配置行为与担保行为的联动作用，以及上市公司对外资金配置如何加剧债务过剩的机理。本章以 2011~2014 年上证 A 股制造业上市公司为样本，从集团内部资本市场行为的视角出发，并将内部资本市场行为界定在内部相互担保和内部资金配置，揭示了当前经济形势下集团控制导致上市公司债务过剩的内在机理。研究结果表明：①集团经营诱发了上市公司债务过剩现象；②担保在集团经营与债务过剩的关系中具有中介效应，即集团的内部担保行为诱发了上市公司债务过剩；③上市公司对外资金配置在集团经营与担保的关系中具有正向调节作用，即上市公司对外资金配置加剧了集团内部对其的担保力度，这种"交叉补贴"最终会加剧上市公司债务过剩。

在实践上，企业集团规模大、子公司众多，具有良好的资信基础，集团内部公司之间相互的关联担保满足银行规避风险的需求，因此造成资金过多地配置到集团公司，独立经营公司被挤出，引发结构性的债务危机。所以金融监管机构应该合理引导资金流向独立经营企业，扶持这类企业的发展。同时，严格考察集团内关联担保尤其是担保公司的财务状况，制定提供担保的标准，防止出现负资产担保的情况。另外，针对集团内部"交叉补贴"现象，中国银行保险监督管理委员会（以下简称中国银保监会）应该引导集团企业成立非银行金融机构——财务公司，促进金融市场的多元化激活金融市场的活力，提高金融市场资金配置效率。

第6章 股东谈判力与企业债务过剩

6.1 引 言

　　自1958年MM理论被提出,公司融资决策一直是财务管理领域关注的焦点,然而,以往研究几乎都把焦点集中在资本结构问题上,鲜有文献关注债务过剩。Jensen 和 Meckling(1976)开创性地提出了代理理论,他们认为股东和债权人之间的利益冲突问题,表现在公司管理层在进行决策时,以股东利益为重,这就会导致对债权人的损害。由于双方利益存在冲突,股东与债权人之间会进行博弈,博弈的结果取决于股东与债权人的谈判力,从而对企业的债务水平产生重要影响。根据权衡理论,负债的增加在给企业带来避税利益的同时也给企业带来了财务拮据成本和代理成本,这两项成本是制约企业无限度举债的主要因素,但在实际情况中,资本市场不会是完全有效的,信息不对称始终存在。企业的市场价值往往偏离其真实价值,负债率也偏离最适负债率,股东在企业处于财务困境时,会通过与债权人进行谈判,以获得资金支持或展期,避免企业产生财务危机。

　　Arnold 和 Westermann(2015)的研究表明债务契约重新谈判可以解决债务的代理成本,包括债务过剩。Alanis 等(2018)发现,财务困境公司在违约情况下的股东议价能力(相对于债权人)可以抑制债务过剩导致的投资不足。Favara 等(2017)研究表明,债务合同在违约中的执行不完善会促使杠杆公司增加投资,这表明在破产时向股东分配更多的控制权可以减轻债务负担。Chu(2021)从贷款人合并角度研究发现,债务重新谈判减轻了债务过剩,增加了企业投资。从上述文献来看,现有研究普遍认为债务重新谈判可以减轻债务过剩,激励投资。在本章中,我们实证研究发现,在财务困境中,股东相对于债权人的谈判力潜在地导致企业债务过剩。

　　为了研究股东谈判力与债务过剩之间的关系,本章使用我国 A 股制造类上市公司的数据,检验股东谈判力对企业债务过剩现象的影响。本章选择企业破产时的清算价格、企业的资产规模和机构投资者持股比例来分别度量股东谈判力,以企业实际负债率减去目标负债率的差值来衡量企业债务过剩水平,并控制固定资产比例、营利能力、所得税率、总资产增长率、账面市值比、非债务税盾、管理费用率、行业特征和时间序列等变量。

6.2 文献回顾与研究假设

Myers（1977）在其原创性文章中提出了两个猜想,已经受到了学术界的广泛关注。其一,鉴于公司是在偿还债务之后以股东价值最大化为归依,那么公司将可能放弃净现值为正的项目,因为公司的现有债务将攫取项目收益的大部分。因此,相较于没有债务的公司,有债务的公司将会投资不足。这是 Myers（1977）的第一个猜想：债务过剩。这可以一般化为另一种得到实证研究验证的表述,即杠杆率与公司价值负相关,因为杠杆率高的公司,债务代理成本更高,营利能力更差（Aivazian et al., 2001）。其二,由于公司及其债权人能够合理地预期到股东未来行为,具有更多未来成长机会的公司将减少债务,这是 Myers 提出的第二个猜想。Myers 并没有正式验证他的第二个猜想,即使他提到,他调查的公司如果能从发行债券中享有一些利益（如税盾收益）的话,还是会承担一些债务。Jou（2001）通过假定公司在事后（即债务偿还后）选择其初始容量,重新检验了 Myers 的两个猜想。在 Jou 的框架中,处于融资成本更高昂的环境中,企业未来的增长机会将更少。继而,Jou 认为 Myers 的第一个猜想始终成立,而 Myers 的第二个猜想有条件成立,如未来融资成本低可以缓解债务过剩问题。

如果股东相对于债权人有很强的谈判地位,那么股东能够从债权人那里攫取一部分投资回报（Hennessy, 2004）。Garlappi 等（Garlappi et al., 2008; Garlappi and Yan, 2011）发现股东会通过策略性债务违约来缓解财务困境以恢复部分公司价值。这会缩小投资对公司价值与股东价值造成的楔形。他们直接估计了灾害模型,即破产显著导致公司层面的违约可能性,使得我们构建了修正的债务过剩替代变量,针对大样本更精准。相反,早期的研究用的是粗糙的信用评级间接推算违约的可能性。我们发现,由于股东对债权人的谈判能力加强,股东对财务危机的修复减轻了债务过剩引起的投资不足问题。

由于公司特征影响有关违约和财务困境重新谈判的公司战略决策,故大量公司金融文献都研究了公司特征因素对财务困境公司重组的经济后果。Davydenko 和 Strebulaev（2007）研究了公司特征因素对非困境公司的债券价格是否事前被反映出来。他们发现,平均来看,策略性违约的可能性增加了公司债务利差,尽管事后可能会有重新谈判效率收益。因此,当债权人面对策略性违约更脆弱时,策略行动带来的利差影响对企业来说更有力,包括信用级别低、有形资产少、管理者股权高和债务结构单一的企业。

实证研究已经发现,决定谈判各方谈判地位的因素,如债务结构的复杂性、管理股权、资产有形性,也影响正式与非正式重组、绝对优先权偏离及最终债务修复率。以往公司金融研究表明,债务结构的复杂性和股东特征是困境公司重组性质与后果的重要决定因素(Bris et al., 2006)。在理论文献中,Hart 和 Moore (1994, 1998)强调了流动性违约(liquidity default)与策略性违约(strategic default)的差异,前者是指公司的现金流不足以履行债务契约,而后者是指公司不支付债务契约中规定的数额,即使公司拥有可以履约的资源。相对于持续经营,公司违约清算引起价值损失,债权人宁愿豁免部分债务,这样做使企业得以存续,这给股东提供了一个机会主义违约的动机。有大量实证研究将策略性重新谈判的可能性进行了整合,如 Acharya 等(2011)提出和扩展了研究的基本框架,包括谈判力的分布差异、高效清算的可能性、最优股利政策、现金管理政策、重新谈判成本、多个谈判回合,但鲜见策略行动引起的债务过剩。本章研究是把公司专有特征变量联系起来,这些变量可能是股东与债权人在谈判中影响债务过剩的重要因素。Fan 和 Sundaresan(2000)发现,策略行动对贷款利差的影响取决于谈判中谈判力的分布。当股东谈判力大时,重新谈判可能引起策略性违约并压低债券价格;当债权人谈判力高时,债权人在重新谈判中分享的收益就大,这降低了股东策略性违约的激励。

债务违约风险通常被定义为公司不能在未来偿还债务的可能性。一般认为,股东在违约时一无所获。还有一种经济直觉是,具有较高违约风险的公司权益期望回报更高。财务困境可以引起债务违约、修改债务条款和债务结构,并导致最终破产。在本章中,违约与财务困境可以互换。财务困境的解决包括债重组和债转股等,因此财务困境公司并不必然走向破产。股东潜在的修复能力,是股东与债权人在财务困境事件中的协商或谈判结果。股东通过策略性的债务违约解决财务困境以修复剩余部分公司价值。股东优势被定义为股东谈判力以及通过谈判获得效率的总称。股东具有从债权人那里攫取价值的优势,减少了权益风险。事实上,大量实证研究已经证明约 75% 的案例违反绝对优先权原则(absolute priority rule, APR)而有利于股东(Garlappi and Yan, 2011)。研究显示,当存在股东优势时,违约概率不必然给权益带来风险,因为较高的违约概率与债务负担以及权益风险的潜在减少相关。Garlappi 和 Yan(2011)研究表明,股东修复财务困境公司的可能性可以在根本上改变因违约概率上升引起的权益风险。Zhang (2012)认为股东修复效应在拥有私人债务的公司尤其强。Roberts 和 Sufi (2009)、Roberts(2015)还发现,许多债务重新谈判发生在财务困境和破产之外,往往导致额外信贷和利率降低,这与债权人做出让步为未来投资扫清道路的想法是一致的。

借鉴以往研究，本章的策略性因素包括在重新谈判中用以表示清算成本的有形资产变量、表示股东谈判力的高管和机构持股变量以及管理堑壕变量、表示重新谈判摩擦的债权人和股东利益离散度变量。这些变量包括各种未偿付的公共债务数量、股东数量、债务结构中私人和短期债务比例。根据信贷渠道理论，财务杠杆是顺周期的，因为公司在经济下行期借贷少，此时它们的资产负债表和财务状况（如抵押品价值）恶化了。

本章假设，债务定价与重新谈判概率、债权人与股东的相对谈判力及破产清算成本存在相关性。以往的研究把债务契约重新谈判要么视为不可能，要么视为完美或无成本的。为从实证角度检验重新谈判的可能性，我们的方法涉及把债务过剩与重新谈判摩擦联系起来，以测度重新谈判如何容易开展起来。基于其专有特征，公司或多或少可以重构它的债务契约。例如，与少量贷款人的谈判可能相对容易，虽然有关谈判力的文献非常丰富，但并没有在股东行为对债务影响上有特别应用。

谈判力的四个决定因素来自谈判与议价能力方面的文献（Marburger，1994）。特别地，在下列四个条件下，股东谈判力是最强的：①股东能够采取一致行动；②股东能够获得关键信息；③对银行来说有非常高的关系重建成本；④股东面临较低的银行更换成本。

股东谈判力有多层替代变量（Davydenko and Strebulaev，2007；Garlappi et al.，2008；Garlappi and Yan，2011），现有研究发现，当股东享有对债权人的谈判能力时，就相应地具有一个潜在的财务危机的股东修复，由债务过剩引起的投资不足就得到缓解。企业债务过剩导致投资不足是因为股东不能完全内部化正净现值项目的投资回报，其中一部分回报被债权人所获取。可是，如果股东在违约事件中有很强的谈判地位，并能够取得一些违约后回报，也就是说，在破产中建立绝对优先权原则偏离，那么债务过剩问题会得到一定程度的缓解。Hennessy（2004）发现，债务过剩引起的投资不足会因股东的谈判能力而减轻。

以前的研究发现，股东在违约事件中的谈判能力影响债权人和股东的事前决策（Davydenko and Strebulaev，2007）。Garlappi 等（2008）认为，拥有高研发成本的公司在面临财务危机中的流动性短缺时很脆弱。这意味着，公司更可能面临现金流问题，这会把它们推向相对于债权人不利的谈判地位。

拥有高比例非固定资产的公司可能在破产时面临较高的清偿费用，因此对债权人来说意味着低回收率，从而高比例非固定资产代表着高的股东谈判力。对非固定资产的测度参考了 Davydenko 和 Strebulaev（2007）的研究，他们用"1-有形资产比例"来估计。有形资产根据 Almeida 和 Campello（2007）的方法，Garlappi 等（2008）也使用有形资产变量作为资产专用性和清偿费用引起的股东谈判力。

Davydenko 和 Strebulaev（2007）认为更协调和更富经验的机构投资者比个人投资者能更有效率地谈判。我们使用机构投资者持有的外部股权比例和标准化的机构股东数量，即不同机构股东数量的对数除以市值对数，这两个股东能力的变量体现了机构投资者作为公司股东的重要性。

Jensen 和 Meckling（1976）指出股东与债权人之间的谈判，主要围绕投资问题。股东将筹集到的资金用于高收益投资项目，大部分利润会被股东获得，债权人只能获得相应的债务利息。如果投资失败，虽然债权人能够获得优先求偿权，但却面临巨大的风险，因为清算不一定能够完全对债务进行补偿。在借款行为发生之前，债权人（银行）会与股东进行谈判，并提出限制性要求，对股东投资行为进行制约。Stulz（1988）认为股东所有权和企业的绩效存在倒"U"形关系，若国有企业股东和民营企业股东在签订债务契约时存在差异，债权人会因为国有企业的特殊性，更倾向向国有企业借债，所以国有企业股东具有更强的谈判力。肖作平和廖理（2007）发现，股权集中度与公司银行债务融资比例呈负相关关系，原因在于大股东倾向无偿债压力的股权融资，然后便于进行资源侵占，大股东的谈判力要强于中小股东的谈判力。孙铮等（2005）、江伟和李斌（2006）发现，国有上市公司获得长期借款的能力要强于民营企业，国有企业股东更具有谈判优势。王征雁和黄贤福（2005）认为由于银行控制股东的存在，银行作为债权人处于弱势地位，股权性质不同容易导致关联贷款。资本专用性能够决定股东的谈判力大小，并可以作为银行贷款的参考依据。在市场上越稀缺，越难被替代，则专有性越强，进而谈判能力越强，股东会以人力资本的专有性增强自身谈判力，获得银行贷款。也有学者认为，管理者这种专有性资源又同时具有一定的专用性，而事实上这种人力资本专有性不仅不会增强股东谈判力，反而会因为专用性削弱股东的谈判力，增加企业贷款难度。

企业进行债务融资，离不开相应的债务契约，由于不同的债权人和债务人在具体交易上的讨价还价能力不同，会出现不同条件的债务契约。饶艳超和胡奕明（2005）对银行信贷中会计信息的使用情况进行问卷调查，发现银行信贷人员对资产负债表、利润表、现金流量表、财务比率等会计信息比较重视，这些报表所反映的情况将直接影响银行贷款行为，因此企业经营业绩的好坏决定股东的谈判能力。杨瑞龙和杨其静（2001）提出，企业的本质是"组织租金"的创造和分配，"专有性"是分配组织租金的谈判力基础。一般地，企业经营者具有经营管理才能，具有稀缺性，企业技术人员拥有专有技术，同样具有一定的稀缺性，这些都可以作为企业的谈判能力。银行控制股东的存在大大提高了股东借款的可能性，银行作为企业股东的一部分，希望能够取得持续的经营利润分红，则更有可能通过其控制关系从银行取得贷款，从而可能导致企业的债务过剩。方军雄

（2007）、Chang 等（2014）研究发现，由于政府隐性担保，国有企业具有债务融资的便利性，企业的性质也是银行贷款对象的考虑因素。陆正飞等（2015）通过实证研究发现，国有企业相比非国有企业更具有借款优势，存在更大的债务过剩风险。Boycko 等（1996）发现机构投资者拥有特殊的专业背景、信息挖掘优势及强大的资金筹集能力，当其持有股份越大时，越能影响企业的融资决策。Garlappi 等（2008）认为股东谈判力的影响因素包括企业资产规模和研发支出，银行更愿意向资产规模大和拥有高新技术的企业贷款。公司股东因为持有各种资源，管理层具有较好的经营策略，对公司的发展持乐观态度，更倾向借入银行贷款以扩大经营规模，创造更多的公司利润。基于以上理论分析，本章提出假设：

假设 6-1：股东谈判力越强，企业越有可能发生债务过剩。

6.3 研 究 设 计

6.3.1 样本与数据

本章以 2012~2014 年上证 A 股上市公司作为初始样本。为了研究的需要，我们对样本做了如下处理和筛选：①剔除了关键指标（资产负债率、所得税率及第一大股东持股比例等）缺失的观测值；②剔除金融类上市公司，由于金融类上市公司很多特征和行为不同于其他行业；③剔除被 ST、PT 的上市公司，最后，样本包括 426 家公司共 1 101 个样本观测值，其中 2012 年、2013 年、2014 年分别有 360 个、353 个、388 个观测值。本章数据的主要来源为巨潮网和 CSMAR 数据库。

6.3.2 股东谈判力测度

已有研究对股东谈判力的衡量主要有以下几种方式：①Garlappi 等（2008）尝试使用企业资产规模和研发支出替代股东谈判力；②Garlappi 等（2008）又采用了另一个变量当企业破产时，银行对其进行的清算价格评估代替股东谈判力；③Anderson 和 Garcia-Feijóo（2006）以美国资本市场 1976~1999 年的上市公司为样本，探讨了权益市场价值和账面市值比之间的关系，结果发现账面市值比与股东权益呈正相关关系，可以用账面市值比代替股东权益；④杨瑞龙和杨其静（2001）认为资本专用性能提高公司团队生产力，是股东价值的体现，能让其处于谈判的主动地位；⑤McConnell 和 Servaes（1990）研究表明机构投资者持股比例的提高可以降低企业内外信息不对称程度，减少管理层的机会主义，并用此来作为股东谈判的基础。本章拟采用 Garlappi 等（2008）的方法对股东谈判力进行测度，用企业资产规模代替股东谈判力。

Garlappi 等（2008）研究认为：①资产规模越大，股东在谈判中的能力越强；②在其他条件相同的情况下，低 R&D 支出减少了流动性短缺，因此提高了股东的谈判地位；③资产专有性代表了高清算成本，这给债权人进行谈判协商解决债务问题提供了更强的激励；④低账面市值比，会使公司所有索取权人更热衷于重新谈判以避免清算以及随后有价值的增长期权。上述四个方面有相同的作用，股东优势要么因更有利的谈判地位而更强，要么因谈判以避免清算获得的收益更大而更强。综合以往研究，本章在实证分析中采用有形资产、企业资产规模与机构投资者持股数作为股东谈判力的替代变量。

1. 有形资产

根据 Davydenko 和 Strebulaev（2007）、Garlappi 等（2008）的研究，用期望清算价格比总资产表示有形资产，即期望清算价格比总资产 =（$0.715 \times$ Rect+ $0.547 \times$ Invt+$0.535 \times$ ppent+che）/at。

清算价格算法与 Berger 等（1997）的研究相同。其中，Rect 表示不包括存货的流动资产账面价值；Invt 表示存货的账面价值；ppent 表示固定资产的账面价值；che 表示现金及短期有价证券；at 表示总资产。

2. 企业资产规模

借鉴 Garlappi 等（2008）的研究，本章使用企业资产规模（即总资产的自然对数）替代股东谈判力。

3. 机构投资者持股数

参照 Davydenko 和 Strebulaev（2007）的研究，本章采用机构投资者持股数除以公司市值表示机构投资者持股比例。

本章的变量选取承袭了现有公司重组和资本结构的实证和理论文献。我们使用非固定资产作为清算成本的主要变量，资产账面市值比、R&D 投资和公用行业哑变量作为补充变量。我们使用公司高管（CEO[①]）和机构投资者持股比例、CEO 任期作为股东谈判力的替代变量。我们使用未偿还公共债券数量、债券集中度指数（Herfindahl index）、股东数量、公共和短期债务占全部债务比作为重新谈判摩擦的变量。

---

① CEO：chief executive officer，首席执行官。

6.3.3 债务过剩测度

目前,国内外对债务过剩的衡量主要采用三种方式:①姜付秀等(2008)、张会丽和陆正飞(2013)用真实负债率减去当年行业负债率中位数或均值表示债务过剩负债率;②Graham(2000)、Caskey 等(2012)提出 Kink 值,即公司负债所能达到最大税收优惠时的利息支出/实际利息支出;③Uysal(2011)、Denis 和 Mckeon(2012)、张会丽和陆正飞(2013)以实际负债率减去回归得到的目标负债率作为债务过剩负债率。上述三种计算方式主要的差别就是对目标负债率的理解不同。第一种方式认为企业目标负债率以行业负债率为标准,但可能忽略了行业内的异质性。第二种方式认为企业目标负债率由税收因素决定,但是也有文献表明,控制其他因素后,税收对企业资产负债率的影响不显著。第三种方式认为企业目标负债率由企业特征、行业和宏观因素决定,较为全面。本章则采用第三种方式对债务过剩进行衡量,现存文献在回归取得目标负债率过程中采用的负债率主要包括账面负债率和市场负债率,由于我国股票市场的特殊性,我们采用账面负债率衡量企业的资产负债率。本章采用第 2 章所介绍的目标偏离法测度债务过剩,回归模型如下:

$$\text{Levb} = \alpha_0 + \alpha_1 \text{Soe}_{t-1} + \alpha_2 \text{Roa}_{t-1} + \alpha_3 \text{IndLevb}_{t-1} + \alpha_4 \text{Growth}_{t-1} \\ + \alpha_5 \text{Fata}_{t-1} + \alpha_6 \text{Size}_{t-a} + \alpha_7 \text{Shrcr1}_{t-1} \quad (6\text{-}1)$$

本章以企业实际负债率减去预期目标负债率即得到过度资产负债率 ExLevb,该指标越大,则表明企业债务过剩现象越严重。式(6-1)中各变量的含义与第 2 章相同(表 6-1)。

表 6-1 变量含义

变量	含义	变量	含义
Levb	账面资产负债率	Soe	国有为 1;否则为 0
Roa	总资产回报率	IndLevb	Levb 行业中位数
Growth	总资产增长率	Fata	固定资产率
Size	资产自然对数	Shrcr1	第一大股东持股比例

6.3.4 变量与模型

为了检验股东谈判力是否会影响企业债务过剩,我们设计如下模型:

$$\text{Overhang} = \beta_0 + \beta_1 \text{Bp} + \beta_2 \text{Roa} + \beta_3 \text{Growth} + \beta_4 \text{Fata} + \beta_5 \text{Shrcr1}$$
$$+ \beta_6 \text{Mb} + \beta_7 \text{Exp} + \beta_8 \text{Ndts} + \beta_9 \text{Etr} + \beta_{10} \text{Ebitta} \quad (6\text{-}2)$$
$$+ \beta_{11} \text{Manaown} + \text{Industry} + \text{Year} + \varepsilon$$

其中，Overhang 表示债务过剩；Bp 表示股东谈判力；β_0 表示常数项；Industry 表示行业效应；Year 表示时间序列；ε 表示误差项。

本章的被解释变量是债务过剩（Overhang），我们利用 2012~2014 年的实际资产负债率减去预期目标资产负债率表示过度资产负债率，以此来衡量企业债务过剩情况。主要解释变量为股东谈判力（Bp），我们使用三个替代变量来衡量：一是有形资产（即企业破产时的清算价格）比总资产；二是企业资产规模，即总资产的自然对数；三是机构投资者持股比例。

另外，依据姜付秀等（2008）、Chang 等（2014）的做法，我们控制了其他可能影响企业债务过剩的特征因素：企业自身的因素、企业所在的行业特征和时间序列等。

（1）固定资产占比（Fata）。本章使用固定资产占期末总资产的比值来定义固定资产占比，以衡量企业借债时所提供的资产的可抵押性。一方面，Rajan 和 Zingales（1995）认为，企业有形资产的比例越高，贷款人向企业提供贷款的意愿越强，企业的财务杠杆越高。另一方面，Hart 和 Moore（1998）指出，持久资产应该与长期负债相匹配，流动负债要由流动资产来支持，这意味着固定资产占比越高，企业越倾向发行长期债务。

（2）所得税率（Etr）。税收理论认为，债的利息费用可以在缴纳企业所得税之前扣除，因而我们预期企业所得税率与债务融资之间存在一种替代关系。企业的所得税率越高，企业借债的意愿越强，从而财务杠杆也就越高。

（3）营利能力（Roa）。Myers 和 Majluf（1984）指出，相对于债务融资，企业更偏好内部留存收益融资，因而财务杠杆与企业的营利能力负相关。相反，Jensen（1986）指出，如果控制权市场是有效的，并且能够迫使企业以举债的方式进行现金支付，则可预期营利能力与财务杠杆呈正相关关系；如果控制权市场是无效的，经理人希望规避债务的约束作用，则会导致营利能力与财务杠杆负相关。我们同时参考方明月（2014）的研究，使用 Roa 作为企业营利能力的代理变量。

（4）息税前利润占比（Ebitta）。我们用息税前利润比总资产表示息税前利润占比，该指标反映了支付利息和所得税之前的利润，比值越大，则公司负债倾向越大。

（5）管理层持股比例（Manaown）。管理层持股能够提升企业的绩效，使股东和管理层的目标趋向一致，管理层持股比例增加，其经营决策权更加稳固，更有可能通过借债，扩大企业经营规模，获得更多利润分配。

（6）账面市值比（Mb）。账面市值比反映了相对于基础资产规模的公司风险水平，账面市值比越大，则公司债务风险水平越高。

（7）第一大股东持股比例（Shrcr1）。股东持股比例过高会影响企业的债务决策，为防止自身的股份被稀释，第一大股东更倾向企业举债。

（8）总资产增长率（Growth）。总资产增长率代表企业资产规模的增长情况，总资产增长率高，说明企业处于扩张阶段，企业需要大量资金支持。

（9）非债务税盾（Ndts）。Moore 和 Silvia（1995）从另一个角度提出，非债务税盾主要是由无形资产的折旧产生的，因此拥有较多非债务税盾的企业一般而言也会拥有相当多的可担保资产。以这些有形资产进行担保举债，会降低企业债务融资的风险。

除了上述公司特征以外，我们还考虑行业特征和时间差异对公司资本结构产生的可能影响。行业特征用行业虚拟变量来表示。按照中国证券监督管理委员会（以下简称证监会）的行业分类代码，本章除了将制造业按二级代码分类外，排除金融业后，共得到 6 个行业虚拟变量。时间差异用年度虚拟变量来表示，以 2012 年为基准年，共得到 3 个年度的虚拟变量，变量描述表如表 6-2 所示。

表 6-2 变量描述表

变量分类	变量名称	解释说明
被解释变量	债务过剩（Overhang）	当真实值大于预测值 Levb 时，Overhang 为 1；否则为 0
解释变量	有形资产（Lpta）	清算价格比总资产=（0.715×不包括存货的流动资产+0.547×存货+0.535×现金及短期有价证券+固定资产）/总资产
	企业资产规模（Size）	总资产的自然对数
	机构投资者持股比例（Ihp）	持股总市值/总资金
公司特征控制变量	固定资产占比（Fata）	固定资产/总资产
	营利能力（Roa）	净利润/平均资产总额
	息税前利润占比（Ebitta）	息税前利润/总资产
	管理层持股比例（Manaown）	管理层持股/总股本
	现金流占比（Cfta）	现金流/总资产
	所得税率（Etr）	所得税/利润总额
	非债务税盾（Ndts）	折旧费用/总资产
	管理费用率（Exp）	管理费用/总资产
	总资产增长率（Growth）	本年总资产增长额/同年初资产总额
	账面市值比（Mb）	所有者权益总额/公司市值
	第一大股东持股比例（Shrcr1）	最大股东持股数/所有股数

6.4 实证结果与分析

6.4.1 描述性统计

表 6-3 列示了 2012~2014 年上证 A 股制造业企业样本主要变量的描述性统计。由表 6-3 中数据可知，债务过剩的企业占比在 25%~50%，表明样本中大部分的企业并未发生债务过剩。解释变量为清算价格、资产规模及机构投资者持股比例，值得注意的是，机构投资者持股比例的标准差达 11.565，相对而言，其数据波动较大。其余变量均为本章中的控制变量。

表 6-3 描述性统计

变量	均值	N	最小值	标准差	25%分位数	50%分位数	75%分位数	最大值
Overhang	0.293	1 101	0	0.456	0	0	1	1
Bp	0.673	1 101	0.175	0.161	0.568	0.649	0.759	1.402
Fata	0.263	1 101	0.001	0.150	0.148	0.228	0.369	0.776
Size	9.759	1 101	7.765	0.536	9.421	9.712	10.080	11.618
Roa	0.037	1 101	−0.539	0.077	0.008	0.027	0.060	1.090
Ebitta	0.077	1 101	−3.906	0.142	0.049	0.072	0.106	1.262
Manaown	0.025	1 101	0	0.089	0	0.000	0.001	0.806
Cfta	0.042	1 101	−1.938	0.093	0.005	0.039	0.081	0.484
Etr	−0.062	1 101	−134.826	4.905	0.106	0.160	0.231	3.963
Ndts	0.024	1 101	0.001	0.015	0.013	0.021	0.032	0.119
Exp	0.028	1 101	0.000	0.039	0.010	0.022	0.040	1.054
Growth	0.112	1 101	−0.928	0.211	0.003	0.079	0.181	2.006
Mb	1.169	1 101	0.015	1.015	0.530	0.845	1.453	7.388
Shrcr1	36.833	1 101	3.950	15.536	24.909	35.438	47.922	88.549
Ihp	7.944	1 101	0.031	11.565	1.570	4.080	8.939	69.310

6.4.2 回归分析

表 6-4 列示了债务过剩对股东谈判力的回归结果。本章的数据取自 2012~2014 年上证 A 股制造业，剔除了非正常经营以及信息不全的公司。在模型（1）和模型（2）中，我们分别以清算价格比总资产、公司规模作为解释变量表示股

东谈判力,控制行业与年份,回归结果显示清算价格与债务过剩之间并无相关关系,而资产规模与债务过剩显著正相关。在模型(3)和模型(4)中,依然分别以清算价格比总资产、公司规模代表股东谈判力作为解释变量,控制行业与年份,同时加入11个控制变量,模型拟合度提高至25%左右,回归结果依然显示股东谈判力与债务过剩之间存在显著正相关。在模型(5)中,将公司规模、清算价格比总资产以及11个控制变量与债务过剩做回归,结果表明股东谈判力越强,债务过剩的可能性越大。

表6-4 股东谈判力与债务过剩

解释变量	被解释变量:Overhang				
	模型(1)	模型(2)	模型(3)	模型(4)	模型(5)
Cons	0.459*** (6.06)	−2.142*** (−8.64)	0.072 (0.85)	−0.795*** (−2.81)	−0.843*** (−2.88)
Lpta	−0.099 (−1.14)	—	0.043 (0.51)	—	0.056* (1.66)
Size	—	0.2588*** (10.35)	—	0.097*** (3.24)	0.097*** (3.27)
Fata	—	—	−0.021 (−0.15)	−0.044 (−0.32)	−0.031 (−0.22)
Roa	—	—	−0.943*** (−3.11)	−1.084*** (−3.61)	−1.127*** (−3.67)
Ebitta	—	—	0.509** (2.32)	0.602*** (2.76)	0.626*** (2.83)
Manaown	—	—	−0.396*** (−2.88)	−0.397*** (−2.90)	−0.401*** (−2.93)
Cfta	—	—	−0.046 (−0.24)	−0.103 (−0.54)	−0.126 (−0.65)
Etr	—	—	0.003 (1.05)	0.003 (1.10)	0.003 (1.09)
Ndts	—	—	−4.506*** (−3.26)	−4.395*** (−3.2)	−4.425*** (−3.22)
Exp	—	—	1.224** (2.20)	1.597*** (2.83)	1.588*** (2.82)
Growth	—	—	0.141** (2.20)	0.140** (2.19)	0.137** (2.14)
Mb	—	—	0.197*** (13.99)	0.170*** (10.55)	0.170*** (10.54)
Shrcr1	—	—	0.002** (2.17)	0.001 (1.45)	0.001 (1.36)
Industry	控制				
Year	控制				
N	1 101	1 101	1 101	1 101	1 101
调整 R^2	0.049	0.133	0.244	0.251	0.251

*、**和***分别表示在10%、5%和1%的水平上显著(双尾检验);括号内为 T 值

就控制变量的回归而言，与债务过剩相关关系显著的有营利能力（Roa）、息税前利润占比（Ebitta）、管理层持股比例（Manaown）、非债务税盾（Ndts）、管理费用率（Exp）、总资产增长率（Growth）、账面市值比（Mb）。其中与债务过剩负相关的有营利能力、管理层持股比例、非债务税盾，说明资产收益率越高，管理层持股越多，折旧费用比总资产越大，企业债务过剩的可能性越小。息税前利润占比越大，管理费用率越高，总资产增长率越高，账面市值比越大，企业债务过剩的可能性越大。

6.4.3 稳健性检验

为了减少测度误差问题，保证研究结论的稳健性，如表 6-5 所示，本章做了如下稳健性检验。以 2012~2014 年上证 A 股制造业的财务数据做回归分析，将解释变量替换成机构投资者持股比例，机构投资者包括基金、合格境外投资者、券商、保险、社保基金、信托、财务公司、银行及非金融类上市公司。McConnel 和 Servaes（1990）等研究表明，机构投资者持股比例的提高可以降低企业内外信息不对称程度，减少管理层的机会主义，并用此作为股东谈判的基础。所以，本章选用机构投资者持股比例代表股东谈判力进行稳健性检验。在模型（1）中，只放入了机构投资者持股比例，其 T 值为 2.03，说明二者之间关系显著。在模型（2）中，加入其余 11 个控制变量，回归结果表明股东谈判力与债务过剩显著正相关。模型（3）加入资产规模，资产规模与机构投资者持股比例都与债务过剩显著正相关，说明股东谈判力确实正向影响企业债务过剩的可能性，结果与表 6-4 一致。

表 6-5 股东谈判力（机构投资者）与债务过剩

解释变量	被解释变量：Overhang		
	模型（1）	模型（2）	模型（3）
Cons	0.367*** （8.17）	0.076 （1.28）	−0.767*** （−2.71）
Ihp	0.002 7** （2.03）	0.003*** （2.69）	0.003** （2.46）
Size	—	—	0.091*** （3.05）
Fata	—	−0.042 （−0.30）	−0.053 （−0.38）
Roa	—	−0.896*** （−3.03）	−1.060*** （−3.54）
Ebitta	—	0.494** （2.29）	0.599*** （2.75）
Manaown	—	−0.361*** （−2.62）	−0.367*** （−2.68）

续表

解释变量	被解释变量：Overhang		
	模型（1）	模型（2）	模型（3）
Cfta	—	-0.046 （-0.25）	-0.115 （-0.61）
Etr	—	0.003 （1.04）	0.003 （1.08）
Ndts	—	-4.501*** （-3.27）	-4.418*** （-3.22）
Exp	—	1.229** （2.22）	1.572*** （2.8）
Growth	—	0.131** （2.04）	0.129*** （2.02）
Mb	—	0.198*** （14.15）	0.174*** （10.74）
Shrcr1	—	0.002** （2.25）	0.001 （1.49）
Industry		控制	
Year		控制	
N	1 101	1 101	1 101
调整 R^2	0.052	0.249	0.255

和*分别表示在5%和1%的水平上显著（双尾检验）；括号内为 T 值

6.5 本章小结

本章以 2012~2014 年 A 股上市制造业为研究样本，实证检验上市公司股东谈判力对企业债务过剩的影响。研究发现，由于股东与债权人存在信息不对称，股东拥有谈判力优势，股东可以通过企业资产规模增强与银行借款时的谈判力，也可以利用破产时的清算价格作为有力的借款保障；可能会选择策略性违约，迫使债权人做出债务减免让步，或者债权人继续为企业提供债务资金支持，或者债权人既做出债务减免决定又继续提供资金。若债权人选择继续提供资金，企业的债务风险将进一步加剧。为进一步考察股东谈判力对企业债务过剩的影响机理，并保证回归结果的稳健性，本章引入机构投资者持股比例作为解释变量，在资本市场上，机构投资者以赚取股票回报为最终目的，必然希望公司的股价越高越好，所以机构投资者股东更有动力帮助企业获得债务借款。结果表明，机构投资者作为股东之一，其持股比例越高，拥有的股东谈判力越强，则越倾向企业举债以渡过财务困境。机构投资者持股比例与企业债务过剩呈正相关关系，再次验证得到，当预期企业处于财务困境时，股东的谈判力越大，企业发生债务过剩的可能性越高。

第 7 章　软预算约束与企业债务过剩

7.1　引　言

　　Kornai（1986）最先提出软预算约束概念，将其解释为"父爱主义"，国家溺爱企业，为其包办一切，并将其描述为在经济转型时期，长期亏损的国有企业因为总是受到政府的救助（包括政府追加投资、增加贷款、减少税收、提供财政补贴等）而继续存活在市场中。关于软预算约束的成因众说纷纭，Kornai（1986）认为软预算约束源自国有企业的公有制产权结构，但是软预算约束并非社会主义公有制经济或者是国有企业独有，因此林毅夫和李志赟（2004）从政策性负担角度解释了我国软预算约束现象，政治家热衷于追求低失业率和 GDP 增长来获取政治资本，从而使企业承担了一部分政策性负担，企业因此往往出现政策性亏损，并将投资、经营失败的责任推卸给政府一方，政府对这种亏损承担责任，同时为了维持这类企业的生存，只好给予补贴。软预算约束是政府救助引起的，政府救助的形式多种多样，如政府补贴、税收优惠、土地优惠、应急救灾等。相比其他救助形式，我国的政府补贴名目多，数额大。"拨改贷"政策的实施，使银行信贷成为政府进行补贴的一个重要的途径，也造成了企业与其债权人——银行之间的软预算约束问题。我国上市公司与商业银行具有共同的国有产权背景，当银行被政府控制时，政府通过对银行信贷决策的干预，导致企业欠款到期不还，不断要求银行展期、减息，形成对企业的一种变相补贴。政府支持地方企业从信贷市场获取资源，既减轻了政府直接补助的财政压力，又达到了政治目的，因此政府具有强烈的动机干预银行信贷决策。

　　过度负债衡量了同行业水平下企业资产负债率偏离自身经营状况的程度，在完全金融市场化下，政府救助并不会导致对银行信贷决策的干预，企业出现过度负债呈正态分布，但是在我国市场不完善的情况下，政府救助对企业过度负债的影响机制有以下两点：①政府补助信号传递效应，导致银行对未来补助的预期。申香华（2014）发现政府补助作为一种信号能显著增加企业的信贷资金规模，而且这种效应在民营企业中更显著。②政府隐形担保效应,导致银行降低对贷款企业破产风险的承担。王珏等(2015)发现在企业陷入财务危机,无法偿还到期债务,濒临资不抵债状态时,政府的信贷干预却依然能够为国有企业获得债权人的慷慨信贷。Watanabe(2011)将这种信贷行为称为"僵尸借贷","僵尸借贷"不仅包括债务展期,还包括利率降低、债务减免等其他救助形式。正是政府的干预及政策的调控,导致我国企业负债率水平不断攀升。过度负债企业是经济发展的痛点,是我国经济转型时期一大难题,不仅导致我国资源配置的严重失衡,阻碍我国经济的转型升级,更加严重损害我国金融生态环境,为整个社会带来巨大的金融风险。

虽然大量的文献表明软预算约束是导致企业过度负债的重要原因,但是鲜有文献通过实证直接研究两者间的关系,主要是难以对企业过度负债进行判别。本章的创新点如下:①借鉴陆正飞等(2015)衡量过度负债的方法,证明软预算约束与过度负债存在正向相关关系;②基于金融市场化的视角,厘清金融发展在软预算约束和过度负债之间的负向调节作用;③按照产权性质分样本研究,发现软预算约束与过度负债的正相关关系以及金融市场化的负向调节作用存在于国有企业中,而民营企业中不存在。

7.2 一个债务过剩与软预算约束并存的简单模型

本节通过构建模型表明同时存在债务过剩与软预算约束时的均衡。假设存在两个企业,即企业 G(信用良好的借款人)和企业 B(信用差的借款人)。企业 G 有一个投资机会,成本为 1,收益为 R,且 $R>1$。企业 B 有一个投资机会,成本为 1,收益为 0。企业 G 和企业 B 分别有一个初始债务 D_G 和 D_B。现有一个潜在的贷款银行,对企业 G 和企业 B 分别有初始的债权 $\alpha_G D_G$ 和 $\alpha_B D_B$。现在,贷款银行有两个单位的资源,可以借给企业 G 或企业 B 或两者。银行可以选择净回报率为零的安全资产。

在下面的分析中,我们给出两个关键假设。第一个关键假设是,如果借款人违约,则银行会增加成本。有以下几种类型的违约成本:一是银行在面临借款人违约时,可能增加一些核实成本;二是在资本充足率要求下,当借款人违约时,银行减少其资本比率。如果银行不能达到最低的资本要求,违约会触发监管干预,这会限制银行业务,从而带来监管成本。另外,由于资本不充足,监管当局会取代银行经理人,从而银行经理人可能失去工作。如果银行经理人从保有其位中获得私人收益,则借款人违约会剥夺银行经理人的私人收益。违约成本包括上述所有成本。特别地，我们假定违约成本与债权成正比。我们设与企业违约有关的监管成本为 b（$1>b>0$）。如果企业 G（或企业 B）对初始债务违约，则银行的成本为 $b\alpha_G D_G$（$b\alpha_B D_B$）。值得一提的是，我们隐含地假定潜在贷款银行不会被处罚，即使继续向信用差的借款人扩大不良贷款。这反映了银行规则、监管、治理和会计准则的缺失。第二个关键假设是，潜在银行贷款人不能与老债权人重新协商。特别地，我们假定扣除给其他初始索取人的支付后，贷款人得到所有投资回报。

基于上述假设，如果贷款银行向企业 G 贷款一个单位，则银行收益为 $R-(1-\alpha_G)D_G$。另外，如果银行不贷款给企业 G，则银行承担因企业违约的成本为 $b\alpha_G D_G$。同理，如果它向企业 B 贷款一个单位，贷款银行收益为零，当它不贷款给企业 B 时，承担因企业违约的成本为 $b\alpha_B D_B$，因而有如下命题。

命题 7-1：软预算

假设
$$D_B > \frac{1}{b\alpha_B} \tag{7-1}$$

那么，贷款银行会向企业 B 发放贷款。

命题 7-2：债务过剩

假设
$$D_G > \frac{R-1}{1-(1+b)\alpha_G} \tag{7-2}$$

那么，贷款银行不会向企业 G 发放贷款。

证明：

贷款银行在发放贷款方面有四个选择：

第一，如果银行向企业 G 贷款一个单位，企业 B 获得另一个单位贷款，则银行收益 $\pi_{GB} \equiv R-(1-\alpha_G)D_G$。

第二，如果银行贷款一个单位给企业 G，另一个单位的贷款给安全资产，那么银行获得收益 $\pi_{G0} \equiv R-(1-\alpha_G)D_G - b\alpha_B D_B + 1$。其中，第二项成本是来自企业 B 违约引起的成本。

第三，如果银行贷款一个单位给企业 B，另一个单位的贷款给安全资产，那么银行获得收益 $\pi_{0B} \equiv 1 - b\alpha_G D_G$。其中，第二项是企业 G 违约的成本。

第四，如果银行把两个单位的贷款给安全资产，那么银行获得收益 $\pi_{00} \equiv 2 - b\alpha_G D_G - b\alpha_B D_B$

从上述四个选择的回报来看，我们发现 $\pi_{GB} - \pi_{G0} = \pi_{0B} - \pi_{00} = b\alpha_B D_B - 1$，因此，如果 $b\alpha_B D_B - 1 > 0$，那么银行会向企业 B 贷款（命题 7-1）。

而且，我们也发现 $\pi_{GB} - \pi_{0B} = \pi_{G0} - \pi_{00} = R-(1-\alpha_G)D_G - (1-b\alpha_G D_G)$，因此，如果 $R-(1-\alpha_G)D_G - (1-b\alpha_G D_G) < 0$，那么银行不会贷款给企业 G（命题 7-2）。

当 α_B、b 和 D_B 更大时，不等式（7-1）更有可能发生。如果银行对信用差的借款企业拥有更大比例的初始索取债权，产生更大的违约成本，或者如果初始贷款更多，那么银行更可能救助信用差的借款企业以避免差的借款企业违约。在资本充足要求下，一个资本匮乏的银行，面临因借款人违约导致的高监管成本，应该倾向救助信用差的借款人。

另外，当 α_G、b 和 R 更小与 α_B、b 和 D_G 更大时，不等式（7-2）更可能发生。如果银行现有债务比例小和借款人的债务较大，那么更大比例的投资回报将流向其他初始索取权人。因此，如果违约引致成本更小，投资回报也更小，银行不太可能贷款给信用良好的借款人。

一个更大的违约引致成本更可能引起软预算问题，但不太可能导致债务过剩问题。更重要的是，不等式（7-1）和不等式（7-2）意味着有营利能力的企业投资不足（债务过剩）和无营利能力的企业过度投资（软预算）同时存在，此时这两类企业都是高负债。

7.3 研究假设

7.3.1 软预算约束与债务过剩

已有大量研究指出，软预算问题与债务有关。据此观点，由于银行的救助，过度负债且营利能力差的企业生存下来甚至还在扩张，而不是缩减规模。Dewatripont 和 Maskin（1995）为银行软预算行为提供了一个理论解释，银行愿意继续而不是停止贷款给企业或清算它们，目的是在资本充足率要求下，保持银行的资本比率。

Kornai（1986）忽视银行和企业的关系，事实上，预算的支持体也包括银行。Foley 和 Hellwig（1975）证实在分散的银行体系中，银行机构本身也会导致软预算约束。总的来说，可以将软预算约束描述如下：当企业的实际支出超出了企业本期的收益或未来收入的在用价值时，没有政府和银行提供资金支持，企业就会被市场淘汰。这个提供资金的机构既可以是政府，也可以是银行。因此，软预算约束的渠道可以归纳为两种：一是政府直接给予企业好处；二是政府通过银行为企业提供好处。就我国而言，为提高财政资金的使用效益，实施"拨改贷"政策，由政府直接拨款对企业投资改为银行贷款，但实质上国有银行依然是政府的附属物。政府方面，罗栋梁和陈芬（2016）提出政府补助与企业负债正相关；田利辉（2005）发现政府为维持社会稳定，迫使银行向亏损企业继续贷款，恶化了债务融资的公司治理功能。银行方面，政府的隐性担保使得银行扩大对特定企业的贷款规模，而且银行对有政府干预的企业的再融资要大于无政府干预的再融资，这也是为什么银行会对不良贷款展期以及对存在呆账坏账的企业再贷款。企业方面，由于政府干预，银行信贷政策宽松，经营者的行为被扭曲，把贷款用于新的投资，引起新一轮的超额贷款，并且这种贷款的投资效率还很低。郭剑花和杜兴强（2011）也发现，这种软预算约束还会降低企业经营者事前的努力，影响企业的经营效率和激励机制。陆正飞等（2015）提出"财务危机成本假说"，即政府隐形担保的存在，使我国国有企业面临财务危机时更可能得到政府的支持，过度消费银行信贷，导致过度负债。基于此，我们提出假设7-1：

假设7-1：软预算约束与企业债务过剩正相关。

7.3.2 金融市场化程度对软预算约束与债务过剩的调节作用

我国经济转型的过程实际上是市场机制替代计划机制的过程，就金融市场而言，即推进金融市场化。金融市场化最初被定义为通过市场的力量实现利率自由化和提高信贷资源配置的效率。低息贷款和信贷资源的低效率分配与政府干预密不可分，所以金融市场化的定义扩展为减少政府对利率、行业进入壁垒、信贷管制、准备金要求的管制，提高国有银行的私有化程度（Laeven，2000）。陈邦强等（2007）从四个方面衡量我国金融市场化程度，其中包括金融中介市场化和政府行为市场化改革，证明了中介机构市场化和银行信贷市场化对金融中介市场化最为重要，利率市场化改革和金融调控间接化程度（政府减少对企业融资的干预程度）对政府行为市场化改革影响最大。在我国市场经济还不发达、法律制度还在不断完善的背景下，政府对企业投融资决策干预频频发生，同时国有商业银行作为我国银行业主体，避免不了受到政府信贷刺激政策干预，由此也造成了我国金融市场发展缓慢，市场化程度低下。Shleifer和Vishny（1994）发现，制度越不健全，政治家的干预越严重。梅丹（2009）指出，金融市场化程度可以改革银行的治理结构，削弱国有银行的政治性。苟琴和黄益平（2014）进一步指出，金融市场化程度会影响银行的信贷决策，金融市场化程度越高，越能抑制政府的干预，信贷资金的配置效率越高。基于此提出假设7-2：

假设7-2：金融市场化程度对软预算约束与债务过剩的关系具有负向调节作用。

7.3.3 产权性质对金融市场化调节作用的影响

当企业陷入困境时，政府和国有商业银行出于经济动机和政治动机更愿意对国有企业提供援助（Brandt and Li，2003）。辛清泉和林斌（2006）以软预算约束为切入点，研究企业投资与负债杠杆之间的联系，发现由于双重软预算约束，政府对国企和银行同时存在"父爱"眷顾，故国有企业投资异化，同时银行治理失效。孔东民等（2013）也发现在不考虑政治联系的前提下，国有企业比民营企业获得更高的政府补贴。程六兵和王竹泉（2015）以我国 2001~2012 年借款逾期的上市公司为研究对象，发现借款逾期的非国有企业比国有企业少。因此，由于软预算约束的存在，国有企业倾向向政府求助，而民营企业更多地采取市场化手段（如债务重组和改革）来应对危机。

信贷资金分配的市场化程度就是通过影响不同所有制企业贷款的可得性来影响企业的负债水平。金融市场化对民营企业和国有企业都有影响，但对国有企业的冲击更大，信贷资金分配市场化指数对民营上市公司的负债行为没有显著影响验证了这一点（夏新平等，2006）。现有研究把上述现象的出现归因于银行和企业都依附于政府。金融市场化的推进使得银行出于市场竞争的考虑，会衡量企业的还贷能力，根据信贷违约风险做出决策，其政治性目的减轻。此外，民营企业由于所有制歧视，自生能力更强，对市场化程度变动不敏感。我们认为国有企业对金融市场化程度比较敏感，其软预算约束和过度负债的相关关系会随着市场化程度的提高而减弱。基于此，提出假设：

假设 7-3a：软预算约束更容易导致国有企业出现债务过剩。
假设 7-3b：国有企业金融市场化的负向调节作用更加明显。

7.4 研 究 设 计

7.4.1 关键变量

1. 债务过剩的衡量

已有的研究主要采用三种方式对过度负债进行衡量：①实际资产负债率减去目标资产负债率（陆正飞等，2015；Denis and Mckeon，2012）；②实际资产负债率减去行业中位数或者均值（张会丽和陆正飞，2013）；③由 Graham（2000）提出的 Kink 值，其是指公司负债所能获得最大税收优惠时的利息支出比实际利息支出。第一种方式考虑企业个体特征和行业特征，衡量方法较为成熟完善，而且被大多数学者引用；第二种方式只考虑行业特征，忽略公司个体特征，衡量方法较为简单，误差较大；第三种方式如 Chang 等（2014）认为税收因素对公司资本结构决策影响较小。因此本章采用第 2 章所介绍的目标偏离法衡量债务过剩

（Denis and Mckeon，2012）。回归模型如下：

$$\text{Levb} = \alpha_0 + \alpha_1 \text{Soe}_{t-1} + \alpha_2 \text{Roa}_{t-1} + \alpha_3 \text{IndLevb}_{t-1} + \alpha_4 \text{Growth}_{t-1} \\ + \alpha_5 \text{Fasset}_{t-1} + \alpha_6 \text{Size}_{t-1} + \alpha_7 \text{Shrcr1}_{t-1} + \varepsilon \quad (7\text{-}3)$$

式（7-3）各变量含义如表7-1所示。

表7-1 变量含义

变量	含义	变量	含义
Levb	账面资产负债率	Soe	国有为1；否则为0
Roa	总资产回报率	IndLevb	Levb 行业中位数
Growth	总资产增长率	Fasset	固定资产率
Size	资产自然对数	Shrcr1	第一大股东持股比例

根据企业实际资产负债率减去预计资产负债率得到过度负债率 ExLevb，ExLevb 越大表示过度负债水平越高。同时，采用 ExLevb_dum 虚拟变量衡量，当 ExLevb 大于 0 时取值 1，否则取值 0。

2. 软预算约束测度

理论上，政府可以借助财政、银行贷款、股市融资三种方式对国有企业实施软预算约束支持（林毅夫和李志赟，2004）。财政是通过政府支出向国有企业补贴或给予税收上的优惠；银行贷款则是在国有企业与国有银行双重软预算约束下要求银行向不符合贷款条件的国有企业放贷，或者是在借款企业无法偿还到期债务时给予贷款展期；股市融资则是发行股票筹集资金解决企业资金需求。显而易见，财政是政府占用自己的预算支出救助企业，因而对政府的约束最硬。银行贷款和股市融资均是通过向第三方融通资金救助企业，但银行贷款需要到期偿还，股市融资是永久性资本则不需要。所以，相对于股市融资，银行贷款约束较硬。因此，理性的政府应选择股市融资支撑国有企业的软预算约束。在政府对股市融资严格监管的条件下，一些国有企业虽然在形式上满足新股发行或者再融资的条件，但是难以顺利实现股权融资计划。所以，受股市融资资格的限制及其他外部融资工具缺乏的约束，股市融资难以有效支撑国有企业的软预算约束（蔡吉甫，2012）。在我国经济自主权由政府还给民间的渐进式改革过程中，伴随着国民财富的转移，以税收为支撑的政府财政相对集中能力开始下降，而以民间储蓄为支撑的金融能力则得到迅速加强。在政府财政作为国有企业软预算约束支持体难以为继的情况下，政府加强对国有商业银行的控制，以便向政府偏好的企业或产业提供金融支持，从而使得银行贷款取代财政成为国有企业软预算约束的实际支持体。国有商业银行成为国有企业软预算约束支持体导致的后果是政府对国有商业银行实行系统的软预算约束（施华强和彭兴韵，2003）。国有商业银行软预算约束使得其普遍相信：一旦提出其流动性出现问题，政府必然会采取积极措施予以救助，导致国有商业银行认为市场机制的惩罚不具有可置信性，放大了国有商业银行的道德风险，致使国有商业银行不断扩大规模，存在过度放贷的内在冲动，同时也加重了借款者寻租和事后违约的动机。不仅如此，作为国有企业软预算约束支持体，基于政府事后救助国有企业的稳定预期，国有商业银行事前放贷决策和事后监督激励出现扭曲，致使银行负债对过度投资约束弱化或不复存在。林毅夫等（2004）认为，如果一个企业利息支出低于行业平均水平，则该企业面临软预算约束，并通过1995年的工业普查数据证明了这一点，但是该指标的衡量仅限于当时数据的限制。因此这种衡量方法存在一定缺陷，因为利息低的企业不一定都是面临软预算约束的企业，如果一个企业的财务状况良好、风险小，面临的利息支出自然就低。政府救助形式分为两种：一种是显性救助，即政府直接进行财政支付，对企业补助；另一种是隐性救助，即政府通过税收减免或者债务展期实现。因此本章将软预算约束企业定义为政府补助比营业收入水平超过同行业平均的企业。

7.4.2　样本与数据

本章以上证 A 股 2011~2015 年上市公司为研究样本，剔除金融行业、房地产行业，ST 公司样本，并按照 2012 年证监会行业分类将样本划分为 41 个小行业，并剔除少于 5 家上市公司的行业，最终获得 4 003 个观测值。为了消除极端值的影响，对所有的连续型变量进行 1%的缩尾处理。金融市场化指数来源于王小鲁、樊纲《中国分省份市场化指数报告 2016》中的要素市场指数 2010~2014 年数据，其他变量数据均来自 CSMAR 数据库，部分缺失数据通过上市公司年报补充得到。

7.4.3　实证模型

借鉴陆正飞等（2015）检验国有企业是否过度负债的模型，构建模型如下：

$$\text{Overhang} = \beta_0 + \beta_1 \text{Assist} + \beta_2 \text{Market} + \beta_3 \text{Assist} \times \text{Market} \\ + \beta_4 \text{Roa} + \beta_5 \text{IndLevb} + \beta_6 \text{Growth} + \beta_7 \text{Fata} + \beta_8 \text{Size} \\ + \beta_9 \text{Shrcr1} + \beta_{10} \text{Bm} + \beta_{11} \text{Manage} + \beta_{12} \text{Webitta} + \beta_{13} \text{Mown} \quad (7\text{-}4)$$

被解释变量为 Overhang，分别采用式（7-4）测算出的过度负债率（ExLevb）和过度负债哑变量（ExLevb_dum）衡量。主要解释变量为 Assist（政府补助）、Market（金融市场化）、Assist×Market（政府补助与金融市场化交互项），参考已有做法，控制变量包括 Roa（总资产回报率）、IndLevb（行业负债率中位数）、Growth（总资产增长率）、Fata（固定资产比率）、Size（资产规模）、Shrcr1（股权集中度）、Bm（账面市值比）、Manage（管理费用率）、Webitta（息税前利润率波动）、Mown（管理层持股比例），变量描述表见表 7-2。

表 7-2 变量描述表

变量类型	变量代码	变量名称	定义及计算公式
被解释变量	Overhang	债务过剩	实际资产负债率减去由式（7-1）得到预计资产负债率
	Overhang_dum	债务过剩虚拟变量	当 ExLevb 大于 0 时取值 1；否则取值 0
解释变量	Assist	政府补助	期末政府补助总额/营业总收入－行业平均
	Market	金融市场化	取自王小鲁、樊纲《中国分省份市场化指数报告 2016》中要素市场指数
	Assist × market	政府补助与金融市场化交互项	政府补助乘以金融市场化指数
控制变量	Roa	总资产回报率	期末营业利润/期末总资产
	IndLevb	行业负债率中位数	根据上市公司行业划分，统计行业年度期末资产负债率
	Growth	总资产增长率	本年期末总资产/上年期末总资产
	Fata	固定资产比率	期末固定资产总额/资产总额
	Size	资产规模	期末资产总额的自然对数
	Shrcr1	股权集中度	第一大股东持股比例
	Bm	账面市值比	期末总资产/（股票市值+负债总额）
	Manage	管理费用率	期末管理费用/期末总收入
	Webitta	息税前利润率波动	息税前利润/总资产的三年波动率
	Mown	管理层持股比例	董事会、监事会、高管持股比例总和

7.5 实证结果与分析

7.5.1 描述性统计

表 7-3 报告了主要变量的描述性统计，数据显示，我国上市公司中平均有 49.4%的公司出现过度负债，实际与目标资产负债率偏离程度最大水平达到 47.3%，行业资产负债率中位数和均值都为 51.4%，说明我国上市公司资产负债率水平普遍偏高，债务过剩现象较为严重。国有企业比例为 61.6%，远超总体一半的比例，说明国有企业依然是我国经济主体。政府补助最大值为 11.5%，最小值为-11.4%，说明我国上市公司面临的软预算约束程度存在明显的差异。金融市场

化最大值为 12.23，最小值为-1.21，说明我国各地区金融发展状况存在极大差异，两极分化较为严重。

表 7-3 描述性统计

变量	均值	中位数	最小值	最大值
Overhang	−0.007	−0.002	−0.473	0.473
Overhang_dum	0.494	0	0	1
Assist	−0.002	−0.004	−0.114	0.115
Market	6.22	5.71	−1.21	12.23
Soe	0.616	1	0	1
Roa	0.031	0.029	−0.244	0.207
IndLevb	0.514	0.514	0.293	0.786
Growth	0.123	0.082	−0.325	1.352
Fata	0.264	0.220	0.004	0.765
Size	22.48	22.31	19.26	26.72
Shrcr1	37.65	36.07	7.51	77.97
Bm	0.587	0.576	0	1.14
Manage	0.095	0.070	0.008	0.773
Webitta	0.026	0.014	0.001	0.290
Mown	0.021	0.00	0	0.442

7.5.2 回归分析

表7-4中第（1）、（3）、（5）列采用Overhang作为债务过剩指数。首先以全部样本作为研究对象，其次按照产权性质划分为国有企业、民营企业，探究了政府补助与债务过剩之间的关系。结果显示：全样本下政府补助与债务过剩存在正相关关系，且在 5%的水平上显著，说明政府补助在一定程度上导致企业出现过度负债现象，这与假设 7-1 相符合。分样本回归发现国有企业政府补助与债务过剩在 1%的水平上显著正相关，但是民营企业样本回归结果显示两者之间没有显著的相关性，说明政府对国有企业可能更多是一种为贴息贷款或者贷款展期救助行为以缓解国有企业面临的偿债压力，致使这类企业"僵而不死"，而对民营企业多是政策性补助，甚至在一定程度上改善企业经营状况，缓解了债务过剩；抑或是银行对国有企业的这种政府救助行为更为敏感，认为这种救助行为是持久性的，政府为国有企业隐性担保，增加了对国有企业的信贷额度，促使国有企业出现债务过剩。第（2）、（4）、（6）列采用 Overhang_dum 作为过度负债指标，回归结果显示与前述结论基本一致。观察其他变量回归结果，营业利润率、资产规模、行业资产负债率中位数、管理费用率与债务过剩正相关，第一大股东持股比例、管理层持股比例与之负相关。

表 7-4 软预算约束与债务过剩回归分析结果

变量	全样本		国有企业		民营企业	
	（1）	（2）	（3）	（4）	（5）	（6）
	Overhang	Overhang_dum	Overhang	Overhang_dum	Overhang	Overhang_dum
Cons	0.036 （0.40）	−0.405*** （−2.71）	−0.191*** （−2.58）	−0.359* （−1.95）	0.456** （2.09）	−0.758*** （−2.86）
Assist	0.048** （2.11）	0.071* （1.84）	0.056*** （3.61）	0.074* （1.92）	−0.139 （−0.51）	−0.065 （−0.20）
Roa	0.157*** （3.14）	0.210*** （2.52）	0.232*** （5.46）	0.102 （0.97）	0.006 （0.06）	0.391*** （2.89）
IndLevb	0.068* （1.91）	0.189*** （3.20）	0.089*** （3.12）	0.149** （2.10）	0.013 （0.15）	0.287*** （2.71）
Growth	−0.002 （−0.48）	−0.011 （−1.34）	0.001 （0.00）	−0.012 （−0.83）	−0.001 （−0.15）	−0.012 （−1.17）
Fata	0.035 （1.34）	0.022 （0.52）	0.001 （0.02）	−0.060 （−1.16）	0.110 （1.63）	0.205*** （2.51）
Size	−0.003 （−0.60）	0.039*** （5.22）	0.008** （2.36）	0.042*** （4.59）	−0.023** （−2.18）	0.047*** （3.68）
Shrcr1	−0.001* （−1.82）	−0.002*** （−3.65）	−0.002*** （−5.52）	−0.004*** （−6.18）	0.001 （1.00）	0.001* （1.71）
Bm	−0.009 （−0.40）	−0.008 （−0.20）	0.001 （0.06）	0.031 （0.60）	−0.022 （−0.42）	−0.092 （−1.45）
Manage	0.001*** （4.48）	0.001* （1.86）	0.001*** （7.29）	0.001 （1.51）	0.081*** （2.96）	−0.078** （−2.37）
Webitta	0.078** （2.18）	0.093 （1.56）	0.092*** （3.36）	0.037 （0.54）	−0.121 （−1.03）	0.474*** （3.34）
Mown	−0.112* （−1.93）	−0.165* （−1.70）	−0.030 （−0.08）	0.014 （0.02）	−0.099 （−1.18）	−0.186* （−1.81）
N	4 003	4 003	2 466	2 466	1 537	1 537
调整 R^2	0.011	0.016	0.040	0.020	0.012	0.029

*、**和***分别表示在10%、5%和1%的水平上显著（双尾检验）；括号内为 T 值

表 7-5 在表 7-4 的基础上加入了 Market（金融市场化）调节变量，在第（1）列全样本下政府补助与债务过剩依然正相关且在 1% 的水平上显著，而 Market 与过度负债在 1% 的水平上负相关，说明金融市场化程度越高，对债务过剩的抑制作用越显著。考察金融市场化与政府补助的交互作用对债务过剩的影响，发现 Assist×Market 与债务过剩在 1% 的水平上负相关，说明金融市场化在政府补助与债务过剩两者关系间存在负向的调节作用，即金融市场化越高的地区，政府补助对债务过剩的促进作用越弱，与假设 7-2 相符合。第（3）、（5）列分样本回归结果显示，国有企业组 Assist×Market 与债务过剩在 1% 的水平上负相关，而民营企业组显示两者没有显著的相关性，结合表（7-4）中的分析可知，由于银行对国有企业的这种救助行为更加敏感，金融市场化的提高使得政府干预信号释放对信贷市场决策的影响减弱，减小了国有企业银行贷款可获得性，抑制了债务过剩。

由于民营企业债务过剩本身并不受政府补助的影响，故金融市场化并不存在调节效应。第（2）、（4）、（6）列采用 Overhang_dum 虚拟变量衡量债务过剩，结果与上述分析一致。

表 7-5 软预算约束、金融市场化与过度负债回归分析结果

变量	全样本		国有企业		民营企业	
	（1）	（2）	（3）	（4）	（5）	（6）
	Overhang	Overhang_dum	Overhang	Overhang_dum	Overhang	Overhang_dum
Cons	0.005 （0.05）	−0.494*** （−3.28）	−0.225*** （−3.02）	−0.448** （−2.41）	0.436** （1.99）	−0.796*** （−3.00）
Assist	0.759*** （2.86）	0.806* （1.82）	0.893*** （4.61）	0.908* （1.88）	0.192 （0.21）	1.05 （0.93）
Market	−0.006*** （−2.95）	−0.014*** （−4.41）	−0.006*** （−3.58）	−0.013*** （−3.32）	−0.007 （−1.47）	−0.014 （0.93）
Assist×Mark	−0.115*** （−2.69）	−0.118 （−1.66）	−0.135*** （−4.33）	−0.134* （−1.73）	−0.063 （−0.37）	−0.014 （−1.03）
Roa	0.152*** （3.04）	0.194** （2.32）	0.233*** （5.49）	0.096 （0.91）	−0.006 （−0.05）	0.366*** （2.70）
IndLevb	0.066* （1.86）	0.185*** （3.15）	0.085*** （3.01）	0.143** （2.02）	0.014 （0.16）	0.289*** （2.73）
Growth	−0.003 （−0.53）	−0.012 （−1.39）	−0.001 （−0.18）	−0.014 （−0.97）	−0.001 （−0.12）	−0.011 （−1.13）
Fata	0.029 （1.09）	0.004 （0.08）	−0.005 （−0.22）	−0.074 （−1.44）	0.095 （1.39）	0.174** （2.11）
Size	0.001 （0.14）	0.047*** （6.19）	0.012*** （3.20）	0.051*** （5.32）	−0.020* （−1.83）	0.053*** （4.09）
Shrcr1	−0.001 （−1.57）	−0.002*** （−3.25）	−0.001*** （−5.35）	−0.004*** （−5.95）	0.001 （1.05）	0.002* （1.80）
Bm	−0.023 （−0.94）	−0.043 （−1.06）	−0.014 （−0.66）	−0.007 （−0.12）	−0.037 （−0.70）	−0.122* （−1.90）
Manage	0.001*** （4.47）	0.001* （1.82）	0.001*** （7.33）	0.001 （1.49）	0.081*** （2.97）	−0.078** （−2.36）
Webitta	0.071** （1.99）	0.080 （1.34）	0.086*** （3.15）	0.025 （1.36）	−0.129 （−1.10）	0.457*** （3.22）
Mown	−0.110* （−1.90）	−0.159 （−1.65）	−0.001 （−0.00）	0.087 （0.10）	−0.090 （−1.06）	−0.167 （−1.63）
N	4 003	4 003	2 466	2 466	1 537	1 537
调整 R^2	0.015	0.021	0.053	0.028	0.017	0.032

*、**和***分别表示在10%、5%和1%的水平上显著（双尾检验）；括号内为 T 值

7.5.3 稳健性检验

首先，用面板数据对模型（7-4）采用个体固定效应模型回归，消除随个体但不随时间变化的遗漏变量的影响。表 7-6 显示，当控制公司个体效应后，国有企

业政府补助与债务过剩依然显著正相关,而且金融市场化在两者间具有显著的负向调节作用,而在民营企业中软预算约束与债务过剩没有显著相关性,金融市场化也不具备调节作用,与表 7-4 的结果一致。

表 7-6　面板数据固定效应回归分析结果

变量	Panel 平衡面板(固定效应模型)		
	全样本	国有企业	民营企业
	Overhang		
Cons	−0.091 (−1.04)	0.072 (0.69)	−0.398** (−2.47)
Assist	0.640*** (3.99)	0.623*** (3.64)	0.775* (1.81)
Market	−0.004** (−1.97)	−0.005*** (−3.42)	−0.001 (−0.14)
Assist × Market	−0.097*** (−3.75)	−0.094*** (−3.42)	−0.085 (−1.06)
Roa	0.375*** (12.73)	0.464*** (13.16)	0.208*** (3.97)
IndLevb	−0.009 (−0.36)	0.010 (0.38)	−0.063 (−1.07)
Growth	−0.007** (−2.48)	−0.002 (−0.43)	−0.008** (−2.37)
Fata	0.060** (2.37)	0.026 (0.87)	0.137*** (2.91)
Size	0.007 (1.56)	0.002 (0.34)	0.018** (2.35)
Shrcr1	−0.001 (−1.61)	−0.002*** (−3.86)	0.001** (2.04)
Bm	−0.061*** (−3.46)	−0.060*** (−2.75)	−0.067** (−2.28)
Manage	0.001*** (9.64)	0.001*** (10.02)	−0.025** (−2.06)
Webitta	0.006 (−0.26)	0.048* (1.89)	−0.112* (−1.86)
Mown	−0.221*** (−3.01)	−0.646** (−1.97)	−0.173** (−2.14)
N	3 665	2 345	1 320
调整 R^2	0.021	0.037	0.017

*、**和***分别表示在 10%、5%和 1%的水平上显著(双尾检验);括号内为 T 值

其次,考虑到变量之间可能存在反向因果关系,如也可能存在企业债务过剩影响政府对企业的救助,因此在表 7-7 中,本章采用滞后一期的政府补助对债务过剩进行回归。回归结果显示总体样本下金融市场化的调节作用显著,而且分样本回归后国有企业金融市场化的调节作用依然显著,其他结果与表 7-4 结果一

致，支持上段中的结论。

表 7-7 滞后变量回归分析结果

变量	OLS（滞后一期政府补助）		
	全样本	国有企业	民营企业
Cons	0.170* (1.67)	0.006 (0.07)	0.489* (1.95)
Assist	0.450*** (3.74)	0.439*** (3.31)	0.659** (2.51)
Market	−0.004** (−1.98)	−0.004*** (−3.21)	−0.005 (−0.98)
Assist×Mark	−0.065*** (−3.98)	−0.062*** (−3.69)	−0.104 (−0.49)
Roa	0.123*** (12.60)	0.098*** (8.96)	0.090 (0.73)
IndLevb	0.056 (1.55)	0.073 (1.46)	0.010 (0.11)
Growth	−0.001** (−2.37)	−0.003 (−0.50)	0.001** (2.05)
Fata	0.037** (2.26)	0.007 (0.29)	0.10*** (1.30)
Size	0.008 (1.63)	0.001 (0.15)	0.024** (1.98)
Shrcr1	−0.001 (−1.56)	−0.001*** (−4.66)	0.001** (2.05)
Bm	0.039*** (3.45)	0.039*** (3.52)	0.045*** (2.75)
Manage	0.026*** (3.08)	0.002*** (3.17)	0.084** (2.52)
Webitta	0.052 (1.21)	0.083** (2.44)	−0.086* (−1.70)
Mown	−0.136*** (−3.07)	0.102** (2.27)	−0.122** (−2.26)
N	3110	1941	1169
调整 R^2	0.010	0.025	0.009

*、**和***分别表示在10%、5%和1%的水平上显著（双尾检验）；括号内为 T 值

7.6 本章小结

本章采用实际资产负债率与目标资产负债率之间的差额衡量企业债务过剩水平，从政府补助视角衡量软预算约束水平，揭示了国有企业与民营企业软预算约束与债务过剩之间的关系，并研究了金融市场化在缓解我国企业债务过剩中的治理作用。本章有如下研究发现：①软预算约束导致国有企业出现债务过剩，软预

算约束程度越强,国有企业债务过剩和发生债务过剩的概率越高,而软预算约束对民营企业没有显著影响。②金融市场化在一定程度上抑制了国有企业债务过剩发生,金融市场化程度越高,则国有企业债务过剩的水平和发生债务过剩的可能性越低。同时,金融市场化对国有企业软预算约束与债务过剩的关系具有负向调节作用,在一定程度上削弱了软预算约束对国有企业债务过剩的负面影响,而金融市场化的调节作用并不存在于民营企业中。

以上研究结论表明,在我国经济转型期,一方面,以政府补助及信贷刺激为主的政府干预行为为国有企业提供了隐形担保,加大了国有企业信贷获取及信贷展期的能力,最终导致国有企业严重的债务过剩现象。另一方面,长期以来的权责不明晰,大量国有企业没有成为真正的市场竞争主体,往往偏好等待政府救助,从而对政府救助形成路径依赖效应,导致其"僵而不死"。民营企业责权清晰,具有明显的市场竞争活力,因此政府救助对民营企业债务过剩形成的影响并不显著。所以,首先,政府应该加快职能转变,减少对企业非市场化的干预行为,将资源配置交给市场决定,避免由于政策歧视带来非效率的资源配置行为;其次,政府应该加快我国金融市场化进程,发达的金融市场能够有效缓解政府干预带来的不利影响,加强健全金融市场法律制度建设,完善市场运行机制,为民营企业创造更加公平的市场环境;最后,国有企业应该实现代理人权责利的高度统一,加强市场激励机制建设,增加代理人履职责任承担,引导国有企业以市场为导向的经营决策,激活国有企业活力。

第8章 同业参照与企业债务过剩

8.1 引　言

在公司金融的主流文献中，公司资本结构或债务融资决定因素的研究基本可以归为两类：一是公司资本结构受公司专有特征因素影响（Drobetz and Wanzenried，2006；Dang et al.，2014；Byoun et al.，2013）；二是公司资本结构受国家专有因素的影响。前者包括公司规模、资产类型、所有权结构、盈余波动性、流动性、成长机会、资本支出、人力资本甚至高管个人的风险偏好等因素（Graham et al.，2013）；后者包括国家的宏观经济环境、税收政策及国家文化等因素（Erel et al.，2012；Dang et al.，2014）。而且，传统公司财务政策的研究都假定，公司资本结构的选择与竞争对手或同行的选择无关。换言之，一个公司的资本结构通常被认为由其边际税率、违约的期望损失、信息环境和激励机制决定。同行企业行为对资本结构的影响作用经常被学者所忽视，充其量起一个隐含的作用。

可是，经济学家们很早就注意到，同行企业在形塑其他企业的一系列政策上具有很强的外部性。例如，产品产出、产品定价、非定价产品类的广告、产品耐用性和保修条款（Stigler，1968）、劳动力政策，甚至高管薪酬（Bizjak et al.，2008）。已有研究表明，同行企业的行为可能对资本结构是重要的。模仿同行企业的资本结构不但是普遍的，而且构成最优财务战略的一部分。Graham 和 Harvey（2001）调查发现，约四分之一的受访 CFO 承认竞争者的行为是他们进行财务决策的重要因素。Welch（2004）指出，行业负债率偏离是企业负债率变化的最重要的经济因素。Frank 和 Goyal（2007）认为，行业平均负债率中位数在 25 个企业特征和宏观经济变量中对企业负债率是最具解释力的。尽管学者们对资本结构政策的行业效应关注越来越多，但 Frank 和 Goyal（2007）仍不无感慨地指出，以往的研究对这些行业效应的解释已置若罔闻很久。

近年来，企业债务过剩成为现实热点和学术焦点。企业债务过剩实质上是财务杠杆的特殊形式（即资本结构的特殊状态），也是财务决策的特殊结果。既然如此，那么企业债务过剩是否也体现出这种行业效应呢？本章的目的是确定同行企业的行为是否、为何以及如何影响公司特殊资本结构状态（即债务过剩）。本章的研究在三个方面有边际贡献：第一，回答了公司金融中的一个基础问题，即公司如何选择其资本结构；第二，使我们可以检验资本结构文献中受关注较少的公司行为理论，如声誉理论（Scharfstein and Stein，1990）、学习理论（Conlisk，1980）、羊群效应（Bikhchandani et al.，1998）、战略互动（Brander and Lewis，1986）；第三，因为同业参照效应导致的外部性，本章的研究对未来的资本结构研究、企业财务管理及国家供给侧结构性改革具有重要意义。

8.2 文献回顾与研究假设

本章的研究与行业作为资本结构的重要影响因素方面的文献密切相关。自Modigliani和Miller（1958）以来，大量研究都集中在了解和分析世界各地，尤其是美国公司的融资决策。这一方面的文献突出了决定最优资产负债率的企业、市场和行业特性，以及在偏离最优的情况下，它的动态调整过程（Booth et al.，2001；Flannery and Rangan，2006；Driffield and Pal，2010）。洪锡熙和沈艺峰（2000）着重考察了企业的规模、资产担保价值、营利能力、成长性和行业类型这些内部因素对企业资本结构的影响，而未涉及其他外部因素的影响。姜付秀和黄继承（2013）研究发现，在第一大股东持股比例较低的情况下，CEO的财务经历对资本结构的优化有重要影响。姜永盛等（2015）发现，有关资本结构决策影响因素的国内研究已经假设企业的资本结构决策不受同行业的影响，即把同业参照效应作为前提条件给主观排除了，而具体的资本结构调整主要是通过商业信用的调整得以实现的。国内外大多数研究均是从内生性原因出发，而很少有研究关注外部因素对企业资本结构可能产生的影响；即使有少数相关研究，也只是轻描淡写，如对所处行业的研究，涉及的只是所处行业的不同会导致资本结构的差异，而国内对同一行业内资本结构是否存在同伴效应的研究还很缺乏，只有在高管薪酬、出口等方面涉及参照效应的研究还存在，但也只是星星点点。

无论是从直觉还是理论来说，一个公司的资本结构或多或少会受同行业中其他企业财务决策的影响。Graham和Harvey（2001）对390余名CFO做的问卷调查也显示，大约25%的CFO在进行本公司的财务决策时会考虑同行其他公司的财务政策。Brounen等（2006）的研究表明，一个公司所处的行业可能只是简单地作为一个参照点，公司可能在资本结构选择方面以行业中其他公司的资本结构为基点。Frank和Goyal（2009）发现行业平均资产负债率是企业资本结构决策的重要参考因素。Damodaran（2010）认为，不可否认的事实是，经理把资本结构的行业平均和实践作为指引。因此，从资本成本和行业平均角度来检测最优负债率以及向同行企业负债率趋同是有意义的。Ross 等（2011）进一步指出，现实中，很多企业仅仅是基于行业平均做出资本结构决策，毕竟，一个行业现有的企业才是生存者，因此，我们至少应该对它们的决策给予一定的关注。事实上，调查证据显示，相当数量的 CFO 把同行企业的融资决策作为自己公司融资决策的参照（Graham and Harvey, 2001）。现有的实证研究也显示，从经济可行上考虑，行业平均负债率是公司资本结构的重要决定因素（Welch, 2004；Frank and Goyal, 2007）。MacKay 和 Phillips（2005）发现公司的财务结构受其在行业中地位的影响。

为什么资本结构决策具有同伴效应呢？首先，财务结构与产品市场竞争的相互作用会导致财务政策的模仿。Bolton 和 Scharfstein（1990）构建了一个理论模型，指出高杠杆引起来自低杠杆竞争对手的掠夺性价格竞争。如果这种掠夺行为的预期成本是很高的，那么高杠杆的公司会模仿低杠杆竞争对手的资本结构。同样，Chevalier 和 Scharfstein（1996）也通过一个模型，论证高杠杆企业在行业衰退时会投资不足，并把市场份额拱手让予财务更保守的竞争者。这种损失可以激励企业模仿其同行采取更保守的杠杆政策。

其次，信号给模仿行为提供了另一个解释。Ross（1977）较早地研究了财务政策可以被用来影响企业给外界的感知质量。具体而言，当内部人拥有比外部投资者更好的公司价值信息时，内部人可能会尝试使用财务结构向市场传达这一信息。然而，如果信号获取成本不高，那么低质量公司将模仿高质量公司的财务结构，以避免其低品质类型被发现。这样，所有企业进行相同融资选择的均衡结果就会出现。

最后，资本结构模仿行为的另外一个动机来自理性羊群行为模型。Zeckhauser 等（1991）认为，管理者在信息获取或相对业绩评价上的"搭便车"行为可能导致资本结构政策的羊群行为。当一个公司进行自我优化决策带来较高成本时（Conlisk, 1980），管理者会理性地把更多的注意力放在其他人的决定而非自己的信息上，特别是当行业中其他的企业具有更多的专业知识时（Bikhchandani et al., 1998）。Sunstein（2003）把盲目跟从的现象称为"从众现象"。

近年来，研究发展和转型国家的资本结构的文献凸显了过度债务的重要性（Driffield and Pal, 2010）。债务过剩对于依赖银行贷款的许多公司来说是普遍存在的。杠杆率的增加可能引发企业风险剧增，带来更高的外部融资成本，而融资成本又可能降低投资、现金流，从而影响产出（Kiyotaki and Moore, 1997）。通过放大或传播对实体经济的初始不利冲击（如需求），企业杠杆率的增加也会引起严重的增长放缓（Bernanke and Gertler, 1995）。2008 年经济危机之后，强调杠杆决策和更广泛的经济之间的联系很有必要，因为这场危机以贷款狂潮的风险引发全球经济下滑为特点。Myers（1977）发现如果一个企业的资本结构中有高风险债务时，代表股东利益的经理可能拒绝正净现值的投资机会，从而导致无效投资决策。当一个企业的资产负债表上的现有债务负担太重以至企业面临很高的违约风险时，债务过剩问题就会出现。可见，目前对于债务过剩的研究，主要热衷于对其经济后果的分析，对债务过剩的成因，特别是从同伴效应角度的解释鲜见。企业债务过剩作为财务杠杆的一种特殊形式，是企业资本结构的一种特殊状态，是财务决策的特殊结果。上述关于资本结构决策参照效应的原因分析显示，企业资本结构调整会趋向保守财务决策或最优资本结构，我们同样有理由相信，由于存在模仿行为与羊群行为，企业偏离最优资本结构或选择激进财务决策也具有同业参照效应。因此，根据以往对资本结构同伴效应的研究，本章推理认为，企业债务过剩也会受到同行公司融资决策的影响，因此，本章提出假设8-1。

假设8-1：债务过剩存在同伴效应。

企业之所以会参照同行中其他企业的资本结构杠杆比，Leary 和 Roberts（2014）认为除了管理层在实际操作中确定最优资本结构的困难外，我们姑且还可以推测，由于信息不对称，中小企业或信息收集差的企业更有参照的倾向（这在经济学中被称为"搭便车"）。相比大企业，它们的信息收集和处理成本较高，并且同行企业拥有更多的资源优势及更专业的处理技术，使得"搭便车"比"自行决定"更加明智。Hadlock 和 Pierce（2010）也认为，遵循者相对于行业标杆有更强的融资决策需求，因此更乐意参照同行公司的财务决策来调整自身的财务政策；而且效仿有助于应对竞争对手变化的挑战，使企业保持灵活性。在管理实践中，对标管理是一些企业，特别是赶超企业常用的管理工具。根据其定义，企业以行业内或行业外的一流企业作为标杆，从各个方面与标杆企业进行比较、分析、判断，通过学习他人的先进经验来改善自身的不足，从而赶超标杆企业，不断追求优秀业绩的良性循环过程。那么中小企业是否在债务过剩方面也有更明显的参照现象呢？基于此，本章提出假设8-2。

假设8-2：中小企业债务过剩的同伴效应更明显。

8.3　研究设计

8.3.1　样本与数据

本章以2009~2014年全部A股的上市公司为样本，剔除保险行业、金融行业及样本数据缺失和无同行参照公司的观测值,涉及 73 个细分行业,获得 3 651 个观测值。全部数据来自 CSMAR,为避免极端值的影响,对所有的连续变量进行了标准化的 1%的缩尾处理。本章涉及模型较多,收集的数据涵盖了全部 A 股的上市公司,样本量较庞大,虽然筛选后用于考察债务过剩是否存在参照效应的观测值仅 1 200 家公司的 3 651 个样本,并非很多,但用资本资产定价特殊模型,即用模型(8-9)测度年度行业特质回报时,既要对 1 200 家公司分别进行回归,又要进行滚动回归,处理完得出的公司年度特质回报还需要进一步剔除 i 公司自身求平均才得到 PSR,因此,数据处理工作繁杂,需要较高的精细度来完成。

8.3.2 债务过剩测度

为了研究同业参照与债务过剩的关系,首先要明确债务过剩的定义,而已有研究对债务过剩这一概念有着不同的定义。就国外而言,Caballero 等(2008)提出"僵尸企业"这一概念,并从财务困境和结构困境两个维度进行识别,但是这种方法比较复杂,难以精准确定指标的下限。Caskey 等(2012)将负债率分为目标负债率和过度负债率,通过实际负债率与目标负债率的比较来判断是否过度负债,这种衡量方法支持了最优资本结构的存在。Costanzo 等(2013)则从偿还债务和利息能力两个维度构建过度负债指标 DEBT 与债务持续性指标 NSD,但 DEBT 和 NSD 两个指标在计算系数时存在缺陷,总体操作也较为烦琐。国内研究大多从定性的角度去分析,并没有定量的测度方法,而且仅有少数实证研究对过度负债进行了定量分析,但过度负债与债务过剩并不是同一概念。因此,本章仍借鉴 Caskey 等(2012)的原理并根据 Chang 等(2014)选取的影响因子预计目标资产负债率,然后用实际资产负债率减去预计负债率的方法去测度企业是否债务过剩。为了计算预计资产负债率,采用第 2 章目标偏离法测度债务过剩,模型如式(8-1)所示,其中各变量含义见表 8-1。

$$Levb = \alpha_0 + \alpha_1 Soe_{t-1} + \alpha_2 Roa_{t-1} + \alpha_3 IndLevb_{t-1} + \alpha_4 Growth_{t-1} + \alpha_5 Fasset_{t-1} + \alpha_6 Size_{t-1} + \alpha_7 Shrcr1_{t-1} + \varepsilon \quad (8\text{-}1)$$

表 8-1 各变量含义

变量	含义	变量	含义
Levb	账面资产负债率	Soe	国有为 1;否则为 0
Roa	总资产回报率	IndLevb	Levb 行业中位数
Growth	总资产增长率	Fasset	固定资产率
Size	资产自然对数	Shrcr1	第一大股东持股比例

考虑到我国股票市场仍不完善的情况,预计及实际负债率均采用账面负债率

而不使用市场负债率（Chang et al., 2014）。利用以上模型分年度回归提取系数，再代入数据计算出预计负债率（值得注意的是，控制变量采用滞后一期的数据），并与实际负债率对比，这里把实际与预计相减，得到的结果记为 ExLevb，即债务过剩的初始结果。ExLevb 越大表明债务过剩水平越高，若当年实际负债率高于预计负债率，即 ExLevb 大于零则该企业存在债务过剩行为，记为 1；否则不存在债务过剩行为，记为 0。

8.3.3 同业参照效应模型

为了验证企业的债务过剩是否存在同业参照效应，本章在 Leary 和 Roberts（2014）处理资本结构与参照效应的基础上构建以下模型：

$$\text{Overhang}_{ijt} = \alpha + \beta Z^*_{-ijt} + \gamma' X^*_{-ijt-1} + \theta' X_{ijt-1} + \delta' \mu_j + \varphi' v_t + \varepsilon_{ijt} \quad (8\text{-}2)$$

其中，下标 i、j、t 分别表示公司、行业和年份；Overhang_{ijt} 表示 j 行业 i 公司 t 年度债务过剩状况，其他指标同上，变量描述表见表 8-2。

表 8-2 变量描述表

变量类型	变量代码	变量名称	定义及计算公式
被解释变量	Overhang	债务过剩	当 ExLevb>0 时取值 1；否则取 0
解释变量	Z^*_{-ijt}	行业特征变量	衡量行业平均的融资决策结果
行业层面控制变量	X^*_{-ijt-1}	行业财务特征	公司层面取平均而得，但剔除 i 公司，下标用（$-ijt$）表示
公司层面控制变量（X_{ijt-1}）	Size	资产规模	ln（期末总资产），期末总资产对数
	Growth	成长性	本期主营收入/上期主营收入−1
	Tang	有形资产比	（总资产−无形资产净值）/总资产
	Roa	总资产回报率	净利润/总资产
	μ_j		行业虚拟变量
	v_t		年度虚拟变量

8.3.4 模型内生性问题处理

在设计模型时，考虑到体现参照效应最直接的方法便是直接考察债务过剩与行业平均资产负债率关系（记为 Lev^*，即用 Lev^* 替代 PSR^*_{-ijt}），本章在借鉴 Leary 和 Roberts（2014）处理资本结构与学习效应的方法基础上，构建以下模型：

$$\text{Overhang}_{ijt} = \alpha + \beta \text{Lev}^*_{-ijt} + \gamma' X^*_{-ijt-1} + \theta' X_{ijt-1} + \delta' \mu_j + \varphi' v_t + \varepsilon_{ijt} \quad (8\text{-}3)$$

模型（8-3）无法解决自选择导致的内生性问题。Manski（1993）在研究处于相同群组（即参照组）的个体为何会有行为相似的倾向时，提出了三个原因：第一，内生效应（endogenous effect），即个体导致因变量结果的内部影响因素，对债务过剩而言即行业营利能力、资产规模等。第二，外生效应（exogenous effect），即因变量的结果与参照组的社会经济背景相关。参照组的划分不同，其结果差异会很明显，因此参照组的选择也十分重要，即外部影响因素，具体变量很难找到，这便是研究债务过剩与参照效应的难点所在，也是 Leary 和 Roberts（2014）研究资本结构参照效应的难点所在。第三，相关效应（correlated effect），即前面所说的自选择带来内生性问题的根源，处于同一群组的个体之所以行为相似的一个解释是其面临相同的背景环境。例如，在同一行业中面临的政策、法规等一致，导致其可能有相似的行为倾向。进一步利用 Manski（1993）的期望模型和 OLS 回归的假设可以剔除该内生性问题的影响。

为了简化推导过程，把融资决策导致的债务过剩水平记为 y，忽略年固定效应，遵循 Manski（1993）的期望模型原理，把式（8-3）变形如下：

$$y = \alpha + \beta E(y|\mu_j) + \gamma' E(X|\mu_j) + \theta' X + \delta' \mu_j + \varepsilon; \ E(\varepsilon|\mu_j, X) = \Phi \quad (8-4)$$

其中，$\beta E(y|\mu_j)$ 表示外生效应；$\gamma' E(X|\mu_j)$ 表示内生效应；δ 表示相关效应；ε 表示不可观测到的因素，即随机误差项。

进一步对式（8-2）求 y 关于 X 和 μ_j 的期望有

$$E(y|X,\mu_j) = \alpha + \beta E(y|\mu_j) + \gamma' E(X|\mu_j) + \theta' X + \delta' \mu_j \quad (8-5)$$

假如处于同一参照组中的公司会相互参照，则 p 公司会考虑 q 公司的财务特征，反过来也一样，因此行业财务特征 X 与公司财务特征 x 都是关于 μ_j 的函数，进一步在 μ_j 条件下方程的期望变形如下：

$$E(y|X,\mu_j) = \alpha + \beta E(y|\mu_j) + \gamma' E(X|\mu_j) + \theta' E(X|\mu_j) + \delta' \mu_j \quad (8-6)$$

假设 $\beta \neq 1$，则此均衡可以变为以下特殊形式：

$$E(y|\mu_j) = \frac{\alpha}{1-\beta} + \left(\frac{\gamma+\theta}{1-\beta}\right)' E(X|\mu_j) + \left(\frac{\delta}{1-\beta}\right)' \mu_j \quad (8-7)$$

把式（8-7）代入式（8-5）得到以下简化模型：

$$E(y|X,\mu_j) = \alpha^* + \gamma^{*'} E(X|\mu_j) + \theta^{*'} X + \delta^{*'} \mu_j \quad (8-8)$$

其中，*指组合参数的简化形式：

$$\alpha^* = \frac{\alpha}{1-\beta}; \quad \gamma^{*'} = \left(\frac{\beta\theta+\gamma}{1-\beta}\right)'; \quad \delta^{*'} = \left(\frac{\delta}{1-\beta}\right)'; \quad \theta^{*'} = \theta'$$

基于 Manski（1993）的研究，这三个效应在没有前提假设下导致的结果是难以区分的，但把内生性变量转换为外生性变量，相互效应导致的内生性问题便体现在随机误差项里。结合 OLS 的经典假设，随机误差项的期望为零，因此内生性问题得以解决。当不显著为零时，即当 β 或 γ 不显著为零时，虽然未区别开外生效应和内生效应的影响程度，但初步证明了同行企业的财务决策具有外部性，即债务过剩存在同伴效应。

8.3.5 工具变量：识别同业参照效应

由于存在映射问题，故从实证角度确定同行企业的影响具有挑战性（Manski，1993）。当试图推断出群体行动或特征是否影响组成群体的个体行动时，映射问题作为一种特殊的内生性形式就出现了。在当前背景下，这个问题的产生是由于使用同行企业财务政策变量，如行业平均负债率，或同行企业资本结构决定因素，如行业平均收益率，作为个体企业财务政策的解释变量造成的。特别地，企业财务政策与其同行企业的行动或特征之间的任何相关性可以归结为两种可能的解释。

第一种解释是，在同一行业的企业面临相同的制度环境或有相同的企业特征，如投资机会和生产技术。由于不能完美地测度和观测这些决定因素，故利用同行企业因素作为替代变量就起到重要作用。在本质上，企业财务政策与同行企业的行动或特征之间的关系反映了一个遗漏变量或测量偏误。

第二种解释是，企业的财务政策至少部分地受其对同行企业财务政策反应的影响。这种反应可以通过两种不同的渠道来实现：一是通过行动，公司对同行企业的财务政策的响应；二是通过特征，公司响应同行的特征变化，如营利能力、风险等。因此，确定同业参照效应提出了两个识别挑战：第一个涉及区分企业财务政策与其同行的行动或特征之间相关性的两种可能解释；第二个涉及区分同行效应得以实现的两个渠道，即行动抑或特征。

为了解决第一个识别挑战，本章使用滞后的同行企业股票收益率异质回报作为同行企业财务政策的工具变量。使用这个工具变量有两个缘由：一是工具变量必须与资本结构决策相关，有大量的理论与实证研究为股票回报率与财务政策提供了证据（Myers，1977，1984；Loughran and Ritter，1995）；二是一个有效的工具变量应是公司专有的，它不包含其他公司可观测的决定因素的信息。异质回报的公司专有性质和大量致力于分离这些组成要素的资产定价文献认为，这一变量能够较好地解决映射问题。

为了构建这个工具变量，本章用股票回报对通常的资产定价因素和行业因素进行滚动回归来估计公司特征。通过这个过程得到一个包括一系列期望属性的预计残差（即工具变量）。第一，公司的特质回报率与其同行企业的回报率之间的相关性实际为零，这减轻了我们对工具变量捕捉不到连接同行公司财务政策的共同因素的担忧;第二,股价波动是条件序列不相关和序列互不相关的,这意味着企业的股价波动并不能预测对自己或其他公司的未来股价波动;第三,股价波动与通常用来解释资本结构变化的公司特征因素不相关。

为了解决第二个识别挑战,本章发现,基于同行企业财务政策,资本结构对同行企业特征的股票回报率很不敏感。换言之,企业的负债率仅是对同行企业杠杆比率的变化引起的股价波动做出的反应。进一步,虽然同行企业特征也对企业负债率存在一定影响,如营利能力与财务政策相关,但其边际效应显著小于同行企业的行动,甚至不受企业特定因素的影响。因此,本章的研究结果表明,资本结构决策中的同伴效应主要渠道是通过对同行企业财务政策的反应,而不是同行企业特征的变化。

在遵循 Manski(1993)的原理解决了自选择导致的内生性问题过后,另一个亟待解决的问题是找到一个外生性变量,然后验证其前面的系数不显著为零,即可证实参照效应的存在。遵循 Leary 和 Roberts(2014)处理资本结构与参照效应的原则,采用行业特质回报这一外生性的并与资本结构决策相关的指标来衡量债务过剩的参照效应。本章此前已经解释了债务过剩是资本结构的一种特殊状态,因此结合 Leary 和 Roberts(2014)的原则进行分析是合理的。至于为何采用股票的行业特质回报去识别参照效应,本章认为:首先,股票回报率与资本结构决策息息相关(这在很多研究中都已证实,前面也列举了相关的论述)。因此,公司特质回报作为资本资产定价模型回归得出的预计股票回报与实际股票回报的残差便可以作为外生性变量,去解释参照效应。当 i 公司参照了其他公司资本结构的变化时,其差异便可以通过公司特质回报捕捉。然而在实际中,我们无法精准获知 i 公司参考了哪家公司,但通过直觉和理性分析,可以大致认为其参考的是同行业中某一家公司甚至多家公司,为此使用行业特质回报(剔除 i 公司后的行业平均值)去捕捉参照公司资本结构的变化更有操作意义。因此对行业细分也显得十分重要,这样可以避免同一行业样本过大而产生的溢出效应,即当行业笼统分类时,处于同一行业的样本数量过大,而导致行业特质回报无明显差异,也就意味着捕捉变化效果不佳。其次,股票回报率衍生的指标相对于其他会计指标更不容易受到操纵,会提高结果的可信性。最后,虽然控制了公司的其他财务特征,但一个公司股票回报率的变化,还会受到偶然事件的影响,如自然灾害、CEO 的突然死亡、财务丑闻等。这不仅会影响该公司,也会影响整个行业,因此预计回报也包含偶然事件的影响,并不会产生太大的干扰。为了计算行业特质回报采用以下模型:

$$R_{ijt} = a + b_{ijt}^{M}\left(Rm_t - Rf_t\right) + b_{ijt}^{I}\left(R_{-ijt}^{*} - Rf_t\right) + u_{ijt} \quad (8\text{-}9)$$

其中,R_{ijt} 表示 j 行业 i 公司 t 月度的预计回报;R_{-ijt}^{*} 表示 i 公司所在的 j 行业 t 月

度的平均预计回报；$(Rm_t - Rf_t)$ 表示月度市场超额回报；$(R^*_{-ijt} - Rf_t)$ 表示月度行业超额回报（不包括 i 公司）；u_{ijt} 表示随机误差项。

为保证回归的可行性，按照 Leary 和 Roberts（2014）的处理原则，至少利用 36 个月度的历史数据去测度系数，以及 24 个月历史数据进行观测。例如，在做回归时，将国农科技（000004）2009 年 1 月至 2011 年 12 月的数据代入公式中计算出系数和，进一步将 2012 年的数据代入公式，用月度真实回报减去计算出的月度预期回报即可得公司月度特质回报。为获取数据一致性，将月度数据取平均获得公司年度特质回报（SR），进一步求平均可得 j 行业 i 公司的年度行业特质回报，这便是本章需要的外生性的行业特征变量 PSR。然后滚动回归，直至代入 2014 年的数据，求出 2014 年的 PSR。如此便可把 PSR 作为衡量同行企业融资决策结果的关键解释变量代入式（8-2）中，考察债务过剩是否存在同伴效应。

8.4 实证结果与分析

8.4.1 描述性统计

表 8-3 报告了本章主要变量的描述性统计结果。可以发现，债务过剩（Overhang）的平均水平是 0.479，这与陆正飞等（2015）利用 Caskey 等（2012）的原理并结合 Chang 等（2014）选取的影响因素得出的 52%左右的结果差别不大，都说明了上市公司债务过剩的水平较高。同行业特质回报（PSR）的均值为-0.002，由于模型计算的是细分行业特定年度的平均值（并且剔除了 i 公司本身），因而得到的行业特质回报与公司特质回报均值均不为 0。

表 8-3 描述性统计

变量	均值	标准差	25 分位数	中位数	75 分位数
Overhang	0.479	0.500	0.000	0.000	1.000
行业层面					
PSR	-0.002	0.008	-0.006	-0.002	0.002
Roa	0.039	0.027	0.026	0.036	0.052
Growth	1.763	6.300	0.068	0.304	1.156
Tang	0.973	0.011	0.969	0.975	0.978
Size	1.437	0.176	1.356	1.423	1.527

续表

变量	均值	标准差	25分位数	中位数	75分位数
公司层面					
SR	−0.002	0.031	−0.023	−0.004	0.016
Roa	0.039	0.065	0.007	0.030	0.066
Growth	0.329	1.796	−0.096	0.055	0.219
Tang	0.974	0.040	0.967	0.987	0.998
Size	1.476	0.537	1.108	1.430	1.788

8.4.2 回归分析

表8-4报告了假设8-1的检验结果。由表8-4的统计结果可以看出，在控制了公司财务特征后，债务过剩与行业特质回报在1%的水平上显著负相关，即债务过剩存在同伴效应，假设8-1被证实。结合表8-3，也可以看出总体上行业特质回报为负，当行业特质回报越小时，行业股票回报偏离预计回报越大，债务过剩水平就越高，可见债务过剩水平与股票回报率息息相关，即与股价有着密切的关系。进一步控制行业财务特征后，债务过剩与行业特质回报在5%的水平上显著负相关，结果依然稳健。这些都与Leary和Roberts（2014）的研究资本结构同伴效应的结果相似，他们通过实证验证了资本结构存在同伴效应，行业的资本结构是企业融资决策的重要参考因素。

表8-4 债务过剩与行业特质回报基本回归结果

被解释变量	Overhang	
	（1）	（2）
行业层面		
PSR	−2.679*** (−2.67)	−2.167** (−2.12)
Roa		0.180 (0.59)
Growth		−0.001 (−0.54)
Tang		−0.964 (−1.32)
Size		0.134*** (2.78)
公司层面		
SR	−0.514** (−1.96)	−0.476* (−1.82)

续表

被解释变量	Overhang	
	(1)	(2)
Roa	-0.009 (-0.07)	-0.000 1 (-0.01)
Growth	0.007 (1.48)	0.006 (1.39)
Tang	0.308 (1.50)	0.334* (1.62)
Size	0.034*** (2.22)	0.031** (2.00)
(截距)	0.120 (0.60)	0.841 (1.14)
μ_j	控制	控制
v_t	控制	控制
调整 R^2	0.005	0.006
N	3 651	3 651

*、**和***分别表示在10%、5%和1%的水平上显著（双尾检验）；括号内为T值

表8-5报告了假设8-2的检验结果。按板块对企业进行划分后，由表8-5统计结果可以得出，中小板上市公司的债务过剩与行业特质回报在5%的水平上显著负相关；而主板上市公司的债务过剩与行业特质回报不存在统计上的显著性，证明了假设8-2，也就是说，中小企业同伴效应更明显，大企业的同伴效应不明显。其中的缘由，可能就是如开始推断的那样，由于信息不对称的存在，小企业获得的信息量和处理信息的能力相比于大企业来说都显得较弱，故中小企业更有参照的动机。这也与Leary和Roberts（2014）以及姜永盛等（2015）的研究结果相似，他们按企业营利性、规模等分样本进行实证检验，得出了营利能力差和规模较小的公司同伴效应更明显。而且Leary和Roberts（2014）进一步验证了行业遵循者（即营利能力差、信息收集和处理能力弱的企业）效仿的是行业领导者，而行业领导者对行业遵循者的资本结构的改变不敏感，这也与Damodaran（2010）的研究结果相一致，他认为在一个行业中的企业倾向效仿行业领袖，期望去效仿它们的成功，这与标杆管理的思想不谋而合。

表8-5 分板块检验债务过剩与行业特质回报基本回归结果

被解释变量	Overhang	
	主板	中小板
	行业层面	
PSR	-1.404 (-1.17)	6.495** (-2.12)
Roa	0.340 (0.96)	0.004 (0.01)

续表

被解释变量	Overhang	
	主板	中小板
Growth	0.000 02 (0.02)	−0.008** (−2.05)
Tang	−1.366* (−1.66)	0.377 (0.24)
Size	0.110** (2.04)	0.200* (1.89)
公司层面		
SR	−0.204 (−0.69)	−0.665 (−1.18)
Roa	−0.081 (−0.57)	0.432 (1.44)
Growth	0.006 (1.26)	−0.010 (−0.44)
Tang	0.154 (0.70)	0.816 (1.31)
Size	−0.005 (−0.30)	0.348*** (6.87)
(截距)	1.496* (1.80)	−1.418 (−0.89)
μ_j	控制	控制
v_t	控制	控制
调整 R^2	0.001	0.099
N	2 916	735

*、**和***分别表示在10%、5%和1%的水平上显著（双尾检验）；括号内为 T 值

8.4.3 稳健性检验

本章在检验同业参照与债务过剩以及分板块验证的回归模型中，债务过剩采用的都是虚拟变量 Overhang_dum 进行回归。因此本章利用其实际债务过剩水平值进行检验，即利用实际负债与预计负债相减的结果，即 ExLevb 指标值进行验证，得到结果如表 8-6 所示。从表 8-6 模型（1）中可以看出在控制了公司特征和行业特征后，债务过剩与行业特质回报在10%的水平上仍显著，表明企业的债务过剩确实存在同伴效应。表 8-6 模型（2）的结果显示，主板大企业债务过剩与行业特质回报负相关但不显著，而在表 8-6 模型（3）中揭示的中小企业在5%的水平上债务过剩与行业特质回报存在显著的负相关关系，其他控制变量的回归系数也与原模型方向基本一致，说明债务过剩存在同伴效应，并且中小企业同伴效应更明显。

表 8-6 稳健性检验

被解释变量	Overhang	Overhang_dum	
		主板	中小板
行业层面	模型（1）	模型（2）	模型（3）
PSR	−0.768* (−1.81)	−1.664 (−1.39)	−6.165** (−2.05)
Roa	0.038 (0.30)	0.483 (1.36)	0.137 (0.23)
Growth	−0.000 2 (−0.37)	−0.000 01 (−0.05)	−0.008** (−2.10)
Tang	−0.310 (−1.03)	−1.487* (−1.81)	0.527 (0.34)
Size	0.046** (2.30)	0.109** (2.03)	0.206* (1.96)
公司层面	模型（1）	模型（2）	模型（3）
SR	−0.193* (−1.77)	−0.227 (−1.03)	−0.148 (−1.20)
Roa	0.210*** (3.95)	−0.154 (−1.09)	0.326 (1.09)
Growth	0.004** (2.28)	0.006 (1.20)	−0.009 (−0.41)
Tang	0.194** (2.26)	0.183 (0.84)	0.821 (1.33)
Size	−0.003 (−0.50)	0.000 3 (0.02)	0.364*** (7.27)
（截距）	0.027 (0.09)	1.565* (1.88)	−1.608 (−1.02)
μ_j	控制	控制	控制
v_t	控制	控制	控制
调整 R^2	0.009	0.002	0.01
N	3 651	2 916	735

*、**和***分别表示在 10%、5%和 1%的水平上显著（双尾检验）；括号内为 T 值

8.5 本章小结

本章以 2009~2014 年 A 股和中小板上市公司为样本，研究了债务过剩是否具有参照效应，并进一步探讨了哪类公司更具有参照的动机。本章通过实证分析得到如下研究结论：①我国企业债务过剩现象较为严重，虽未对债务过剩程度进行

区分，但平均 47.9%企业的实际负债率大于预计的最优负债率，值得引起大家的注意；②债务过剩存在同伴效应，企业的财务决策并非孤立的，同行企业的财务决策是企业进行财务决策的重要参考因素；③中小企业同伴效应更明显。

本章得出的债务过剩比例，有必要引起企业自身和监管部门对企业债务的重视。从以往的研究和经验观察来说，企业债务过剩不仅会对自身造成不良影响，也会对债权人等其他相关者造成不良后果；而且本章研究发现，债务过剩与行业特征回报显著负相关，表明与股票回报率相关的股价反馈越不好，越容易出现债务过剩，因此债务的治理与监督仍是任重而道远。进一步地，研究发现了债务过剩存在同伴效应，同行企业的财务决策是企业财务决策的重要参考因素，这对以往侧重内部因素的研究来说是一个新的思考，有助于债务过剩理论与实证研究的丰富和完善，引起广大研究者对外部影响因素的重新思考。

本章的研究结果突出了这些财务政策存在外部性。任何资本结构决定因素的边际效应不再是仅仅反映在这些决定因素的系数中，即使是线性模型。相反，由于存在同伴效应的行动渠道，资本结构决定因素的边际效应是一个放大函数，由于存在同伴效应的特征渠道及行业群体的规模，资本结构决定因素的边际效应是一个溢出函数。本章还表明，变化的同行特性的溢出效应可以抵消或进一步扩大外生特征变化的影响。

为了更多地理解为什么同行企业影响财务政策，本章通过检验什么样的企业模仿其同行以及什么样的企业被模仿来检验同伴效应中的异质性。与声誉模型和学习模型一致，本章发现，规模较小的、不太成功的（即低营利能力和低股票回报率）、融资约束更严重的企业喜欢模仿行业领导者（即更大的、营利能力更强的和股票回报率更大的企业）的财务政策。当按板块研究时，本章研究发现了中小企业在融资决策的时候同伴效应更明显，这进一步地验证了信息不对称对企业决策的重大影响。中小企业应密切关注行业标杆企业财务决策的变化，充分利用它们的"信息优势"，并结合自身的实际情况，制定符合自身发展的财务政策，以保证自身的竞争能力，在风险承受范围内，实现企业价值的最大化（姜永盛等，2015）。

相反，行业领导者的财务政策不受非领导者的财务政策的影响。同时有助于揭示同伴效应背后的潜在机制，这一分析也加强了我们的识别策略，而大多数替代假设很少讨论同行效应中的系统异质性。

本章的研究确定了政策的相互依赖性是行业负债率效应的实质性因素，估算了同伴效应引致的外部性。本章的研究与 MacKay 和 Phillips（2005）、Almazan 和 Molina（2005）的研究相似，他们都研究了资本结构的行业内变化。本章的研究通过指出这些变化伴随着很强的财务政策相互依赖性补充了他们的研究。Leary 和 Roberts（2014）发现公司的债务决策响应了同类公司的资本结构决策。Capron

和 Mitchell（2012）发现模仿行为的强有力证据，经理们简单地模仿竞争公司的并购举动，使用类似的、被抬高的并购乘数——没有因为此前可比交易市场的负面反应而却步。Edmans 等（2012）、Bond 等（2012）研究表明公司股票回报与资本结构决策相联系，同行公司特质回报与其资本结构调整行为有关。Leary 和 Roberts（2014）研究发现特质回报与公司资本结构显著负相关，证实了公司财务决策受到同行业因素的影响。

  本章的新颖之处在于将债务过剩与资本结构决策联系起来，再进一步借鉴 Leary 和 Roberts（2014）的思路和方法，通过实证考察了同伴效应是否对公司财务决策引起的债务过剩存在影响。实证结果表明企业的债务过剩确实受到同行业其他企业资本结构决策的影响，同行企业的资本结构决策是企业资本结构决策的重要影响因素，这有必要引起对债务过剩研究的广大学者的注意，有望建立系统性的理论构架，有助于企业管理层做出更好的资本结构决策，亦有助于投资者选择更好的投资目标，以进一步优化金融市场环境。

第9章 企业债务过剩的治理

公司财务结构影响宏观经济绩效的一个渠道是债务过剩。当企业现有债务阻碍新的投资时，企业债务过剩就会出现，因为来自新投资的利益将被现有债权人所获取，而不是流向新的投资者。因此，企业债务过剩对投资回报来说起到了阈值的作用，低于这个阈值，企业不能够吸引到资金从而不能投资，如果经济繁荣，企业债务过剩不构成约束力，因为投资者回报很高；如果经济停滞，企业债务过剩就有约束力，因为投资者回报低。企业债务被认为是当展望宏观经济前景时应该考虑的最重要的因素，企业债务危机恶化，国家经济管控压力将剧增。供给侧结构性改革是当前经济改革和宏观调控的重要战略和主要抓手。供给侧结构性改革的关键之一，就是加快淘汰"僵尸企业"。现在，我国的经济问题引起货币汇率、大宗商品和股市的波动，而负债累累的公司，特别是上市公司，则处在问题的核心。在经济景气的时期，许多行业会从国有银行大量贷款以支持扩张，如钢铁制造业、造船业、采矿业和汽车制造业等，它们助推中国经济在过去三十年保持了两位数增长，但中国经济增长率现在已经下滑至 6.5% 左右，很多企业开始出现资金匮乏的情况。这加重了外界对我国经济走势所持的各种担忧，而负债累累的企业让这一前景更加不明朗。Driffield 和 Pal（2010）研究认为持续的财务杠杆失衡可能是债券发行与银行信贷规则弱化的一个信号，同时也是企业债务管理与经济复苏走弱的信号。

在前面几章的分析中，本书从组织行为视角比较全面地研究了企业债务过剩的形成。导致企业债务过剩出现的主要原因，既有企业及企业股东的内生因素，也有体制和机制的外生因素。因此，要治理企业债务过剩，避免企业"僵尸"化，推进供给侧结构性改革，推动中国产业转型升级，实现我国经济长期稳定增长，就必须对症下药，而且只有下猛药才能治沉疴。具体来说，本书的政策建议包括以下五点：企业集团内部资本市场治理，公司股权结构与股东行为治理，政府干预企业行为的治理，金融监管体系的治理，企业资本结构决策的治理。

9.1　企业集团内部资本市场治理

企业集团化经营的一个重要机制是内部资本市场。正确认识企业集团化经营的利弊，全面理解企业的"做强做优做大"目标，是加强企业集团内部资本市场治理的前提。由于债务过剩普遍发生在国有企业，在产能过剩的背景下，国务院国资委和地方国资委都力推国有企业进一步兼并重组和提高行业集中度。追求规模和速度超常规的快速扩张使企业资金需求旺盛，管控能力能否跟上发展速度，投资的项目能否尽快由"输血"变成"造血"，是企业生死攸关的首要命题。企业要做优、做强是可以理解的，问题是，做优与做强是相对模糊的指标，而做大则是非常明显的指标。因此，要警惕最后的结果是企业特别是国有企业光是做大而没有真正做强和做优。如果企业一味做大，必然陷入产能扩张的囚徒困境，导致产能更加过剩，债务更多，从而产生更多的"僵尸企业"。金融监管机构应该合理引导资金流向优质的独立实体经营企业，扶持这类实体企业的发展，同时严格监控企业集团内关联担保尤其是保证担保公司的财务状况，制定提供担保的标准，防止出现负资产担保的情况。同时，虽然抵押担保在集团债务过剩中作用微小，但是抵押担保存在抵押物估值偏高、循环抵押等现象也是企业债务过剩的根源之一，中国银保监会应该整体评估抵押物价值波动的风险，尤其是在资产泡沫严重的经济时期，确保贷款抵押物的足值抵押性，避免引发银行业的系统性风险。另外，针对企业集团内资金配置效率的低下状况，金融监管机构应该引导企业集团成员企业成立非银行金融机构——财务公司，促进金融市场的多元化激活金融市场的活力，提高金融市场资金配置效率。企业集团内存在过量担保，出于利益侵占动机的控股股东在其中也扮演着重要角色，因此证监会应该着力提高涉及集团经营的上市公司的公司治理水平，加大关联担保的信息披露力度，对上市公司的违规担保情形给予严重的处罚。加强企业集团内部资本市场治理可从集团、上市公司、政府和监管机构三个层面着手。

（1）集团层面。首先，中国银保监会将集团财务公司定位为加强集团资金管理，提高资金使用效率，同时为集团成员企业提供财务管理服务的非银行金融机构，集团资本配置效率是从整体的角度考虑的，如果忽略上市公司的利益诉求，难免会引起利益冲突，但是财务公司的壮大与发展又离不开上市公司的支持。因此资本配置效率应该从集团企业及其控制的上市公司两个层面共同提升，是双赢而不是零和。因此财务公司在吸收存款的同时应该适当地增加对上市公司的贷款，信贷额度至少不应该小于上市公司在财务公司的存款余额，同时给予一定的利率优惠，至少保证上市公司的存贷差不高于在银行存贷款。除此之外，财务公司应该主动从外部获取财务资源，而不是过于依赖内部资金存款，这样才能全面发挥财务公司的职能，实现对上市公司的增值。其次，集团财务公司应该加强信息化建设进程，从以下两个方面降低集团资金的管理风险：一是降低与成员企业的信息不对称程度，从事前贷款发放、事中监督方面避免贷款出现坏账风险；二是通过信息化建设做好资金期限匹配，风险管理，隔绝风险在非成员企业之间的传递。最后，如何设计集团内的治理机制，解决与上市公司之间的利益冲突至关重要，应该由上市公司少数股东利益代表者委派董事进入财务公司行使监督权力，合理设计兼任董事的薪酬和绩效考评，主要与上市公司业绩挂钩，不得在财务公司领取额外报酬。除此之外，应该增加上市公司对财务公司的持股比例，实现资本增值的合理分配。

（2）上市公司层面。首先，健全股权结构，二股东在制衡大股东掏空中具有良好的治理效应，应该联合其他小股东主动参与到公司的决策中，加强对上市公司相关法律的学习。我国证监会对上市公司在财务公司存款有明确的规定，超过一定金额需要召开股东会进行表决，因此这是中小投资者事前表达自己权利的唯一机会。认真审阅《金融服务协议》的相关条款和内容，参考独立董事的相关意见，尽力维护上市公司的利益。其次，中小投资者在提高警惕的同时也要看到财务公司带来的机会，财务公司可以开展票据、供应链金融、消费贷款等多项服务，在一定程度上可以改善上市公司供应链上的核心竞争能力，提升公司业绩。前提是财务公司达到一定评级，因此中小投资者不应只做"搭便车"的甩手掌柜，而是要积极参与到财务公司的建设中，加大与财务公司的融合。

（3）政府和监管机构层面。首先，中国银保监会并没有专门针对财务公司开展业务的监管规定，一般是参考银行的监管办法，很多监管指标（如存款准备金率、宏观审慎评估体系考核指标等）并不适合财务公司，因此制定专门化的财务公司监管办法对于财务公司的良性发展非常重要，也有利于提升成员企业价值。其次，财务公司开展业务受到多方监管，财务公司协会每年对每家财务公司展开行业评级，主要在资金集中度、营利能力等方面评分占有较大比重，而财务公司与上市公司之间的交易却受到证监会的监管，规定了上市公司在财务公司存款的上限、利率等。多方监管的目标并不一致，因此监管机构应该加强沟通协调，制定适合两者共同发展的具体办法。再次，加强投资者保护力度，加大执法力度，打造良好的外部金融生态环境至关重要。虽然证监会针对上市公司在财务公司存款制定了严格的法律，但是私下的《金融服务协议》以及逾越法律红线的行为并没有得到有效的监管和治理，因此证监会和交易所应该联合其他部门和社会媒体，增加监督力度，做到违规必究，违法必罚。最后，民营企业面临的融资约束和信贷歧视是财务公司功能异化的原因之一，因此政府部门先应该加大对民营企业的金融资源投放，然后做好防控民营企业集团内部的金融风险工作。

9.2 公司股权结构与股东行为治理

优化公司股权结构，规范股东行为，其中重要的一项就是要对控股股东股权质押进行治理，因为股权质押融资也是债务过剩的一个重要诱因。控股股东股权质押是近年来我国资本市场股东行为异化的一个突出现象，频发的股权质押"暴雷"事件引起学界与监管层面的高度关注。首先，弄清控股股东股权质押的动机。上市公司股东在保持对上市公司控制权的前提下利用手中的股权进行质押融资，以满足现金需求；加上手续简单方便，使得股权质押成为最普遍的外部融资形式。我国民营上市公司由于金字塔股权结构居多，容易借助复杂的股权结构使企业最终所有权与控制权发生偏离。代理理论认为，现金流权和控制权分离导致了公司在治理过程中的大股东与中小股东之间的第二类代理成本，容易诱发控股股东控制权私利行为。一般来说，在私利驱动下，多数派股东滥用多数表决原则的可能性增加，滥用结果将使得形式平等的资本多数在事实上不平等；由于股权集中，大股东掌控着企业的资源配置走向，对中小股东权益的侵占动机也会更加强烈。这说明大股东权力的强化，影响到公司投融资决策和公司价值，且和侵占意识与动机具有正相关关系。除此之外，民营上市公司高管高估自身解决问题的能力和企业的资源或者低估外部环境的不确定性等因素，这样的管理者倾向采取比较激进的财务策略，导致公司处于过度投资和高负债的状态，都将造成高管的过度自信，进而引发公司过度投融资。这些都表明，对于民营上市公司来说，金字塔结构导致的代理问题、控制权私利及高管的过度自信都有可能造成控股股东高比例股权质押行为。其次，充分认识控股股东股权质押的风险及后果。针对控股股东股权质押行为给公司价值带来的风险，现有研究表明，股权质押行为会加深代理问题，股权累计质押的比例越高，代理问题将变得越严重；股权质押的高比例会传达出控股股东资金紧张等负面信息，恶化投资者对控股股东财务状况的联想空间，很可能给企业带来不利影响。控股股东股权质押风险还表现在中小股东利益被侵占的可能性进一步强化；股权质押降低了公司的投资偏好，增加了公司风险，加剧了控股股东与中小股东的利益冲突。股权质押虽然缓解了控股股东的融资约束，但控股股东也面临着因为股价崩盘而发生控制权转移的风险。股权质押一旦向社会投资者公告，很可能导致上市公司股价跳水，甚至恐慌性抛售股票等极端行为，质押股权价格出现显著下滑，债权人可以要求股东追加质押物甚至将股票强制平仓，引发公司控制权转移。总之，控股股东股权质押容易导致其对上市公司的"隧道挖掘"行为，同时也为控股股东带来相应的风险，最终都将损害中小股东权益。所以，对民营企业而言，要以"混改"为契机，建立合理的股权结构，引入战略投资者等优质资产；将大股东群体多元化，对大股东行为进行制衡，改善第一类代理问题和第二类代理问题，进而提高公司绩效，达到企业价值最大化；民营企业要主动降低杠杆率，提高企业质量，维护股价稳定，保障中小股东的利益；使中小股东充分享有知情权，通过财权的合理配置，形成有效的激励与约束机制，实现相关利益最大化。

9.3 政府干预企业行为的治理

对于政府干预要辩证地看，一方面，减少政府对企业经营的干预，尤其是慎用产业政策；另一方面，强化对国有商业银行的预算硬化，实行市场化的信贷政策，因为市场体制具有产生高效率结果的优势。首先，减少政府对企业经营的干预，让市场在资源配置过程中起决定作用。在正常的市场经济中，一个企业如果多年资不抵债、长期亏损，必然会被激烈的市场竞争所淘汰。因此，在正常的、完善的市场经济体制下，企业债务过剩甚至"僵尸企业"根本不会出现。之所以存在这些情况，一定是因为市场机制的运行受到了干扰。主要的干扰，当然是来自政府或者金融机制等强大的部门。前面的分析表明，政府补贴和金融市场化程度低意味着政府特别是地方政府更偏好行政干预，这是企业债务过剩的主要原因之一。因此，地方政府要减少对企业运行的干预。虽然地方政府对企业的干预短期内会稳定就业和财税收入，但是长期来看，会带来更大的就业压力和社会稳定压力，最终得不偿失。以扶持战略性新兴产业为目的的产业政策，在一定程度上为这些行业的企业提供了一层保护伞，使这些行业的企业减小了面临的市场压力，也使这样的企业发展偏离了市场的轨道，可能导致它们盲目生产、盲目做大，最终可能变成债务过剩的"僵尸企业"。而且，通过各类补贴实行的产业政策，如果缺乏透明、公开的程序，很容易留下寻租空间。其次，政府需要强化国有商业银行的预算硬化。从日本"僵尸企业"的情况来看，银行的预算约束是"僵尸企业"生长的重要土壤。为了防止银行持续向"僵尸企业"发放贷款，一是加强对银行体系的监管，不能光看表面上的银行是否满足"巴塞尔资本协议"，而要对银行贷款的质量进行有力的监督。2008年金融危机爆发就是因为监管部门过于信任市场信贷评级机制，缺乏对信贷评估的再评估，疏于监管，最终导致多米诺骨牌式的连锁反应。二是减少地方政府对辖区内银行的行政干预，通过制定相关的法律法规，确保银行体系的相对独立性。建议仿照司法机关的干预办案记录办法,将地方政府领导对银行信贷的干预进行备案登记,不登记则追究相关人员责任。此外,在宏观调控时,中央和地方政府要减少施加给银行的保增长压力,共同提高银行的防范风险能力和预算约束硬化。根据聂辉华等(2016)的研究,目前,我国A股市场就有200多家的"僵尸企业"依靠银行输血、政府补贴存活。在产能过剩行业中,如煤炭、钢铁、水泥、平板玻璃、造船、光伏等,企业借新债还旧债的问题突出。银行实务界人士认为,退出"僵尸企业",银行主动权较少,更多取决于地方政府的态度。随着经济下行,企业"以贷还贷"的现象突出,银行信贷大量被偿债占用。很多时候,地方政府为了保就业和社会稳定等,往往对出现信贷违约的企业进行救助,甚至要求银行加大信贷投放。

9.4 金融监管体系的治理

国家长期实施稳健的货币政策,使得各类金融机制进行金融创新达到规避监管就成为其创造利润的重要手段,如影子银行就是应市场需求在逐渐扩大。就其内涵而言,我国的影子银行系统是能提供信用转换、流动性转换和企业转换的金融中介,主要包括理财产品、信托贷款等业务。众所周知,我国中小企业融资难问题一直存在。因此,当正规金融机构为其关上一扇窗的同时,影子银行却为其打开了一扇门。影子银行犹如一把双刃剑,一方面,我国影子银行具有传统银行的相关业务功能,并且弥补了我国部分地区及部分由于经济发展不平衡带来的融资问题,给中小企业的发展带来积极作用,使得闲散资金利用率提高,在一定程度上发挥了资源配置作用;另一方面,影子银行缺乏足够的监管与控制,许多影子银行业务在产生高收益的同时也带来高风险的后果。因此,对于影子银行风险的监管与控制已经刻不容缓。

(1)推进利率市场化改革,规范金融创新。由于利率的限制从而缩小了放贷的空间,也从侧面刺激了中小企业贷款的需求。通过放开利率管制可以使市场基准利率如实反映资金供求状况、风险结构,减轻利率的非理性波动及不稳定性。这样高利贷与相关民间借贷机构对于资金需求者的吸引力就会大幅降低,从根本上减少影子银行业务的发生。在放宽利率的同时,也应当适度拓宽投资渠道,增强正规金融机构的信贷程度。影子银行业务是金融创新的必然结果,规范金融创新,不但可以控制风险提高效率,而且可以发挥影子银行在服务经济实体方面的独特优势,做到"取其精华,去其糟粕"。

(2)提高信息披露程度,降低信息不对称。影子银行是游离于监管体系之外的金融机构。相关部门应当加强对其业务的监管程度,及时披露相关信息,尤其是非标准化的场外交易。以简洁易懂的形式让投资者充分了解相关信息,尽量降低影子银行和投资者之间的信息不对称,是防范衍生品市场风险、确保影子银行稳健发展的重要举措。同时,及时的信息披露还可以使相关部门或者融资投资主体及时做出补救措施,避免系统性风险的出现。

(3)强化司法介入,建立风险监测机制。近年来我国债务违约事件、金融纠纷事件层出不穷,最后绝大多数通过法律手段来解决。建立相关的应急预案,完善法律措施,可以有效、及时地处理违约事件。明确责任双方,对相关机构或个人进行惩处,防止风险的蔓延。再加上影子银行监管套利的突出表现是利用银行、证券、保险等监管机构在监管规则和标准上的不同,选择最薄弱的环节进行违法操作,由此要在规范相关法规的基础上,强化影子银行系统性风险预警与动态监测,借助网络模型、风险预警模型对影子银行系统进行风险监控,并设立相关指标来判断影子银行风险的大小与影响程度。

9.5 企业资本结构决策的治理

企业债务过剩既有横向的行业影响,还有纵向的产业影响,具有很强的外部性。企业模仿同行企业的资本结构不但是普遍的,而且是构成企业财务战略的一部分。问题是,同行企业有时并不分辨信号是不是噪音,Sunstein(2003)把盲目跟从的现象称为"从众现象",从而债务过剩的高风险被盲从者扩散。债务过剩在产业中的影响表现为债务积压企业对上下游企业的投融资扭曲,进而影响绩效。组织的战略选择、执行及日常的运营管理都会受到这些群体认知和群体思维的显著影响。行为人的认知框架也是影响公司治理作用机制的关键。企业在信息不对称的情况下长期形成的群体思维和群体认知对其战略决策、财务决策与运营管理有很大的影响。"同伴效应"说明企业债务过剩对同行企业的融资策略具有路径依赖性质,可以体现在学习机制上。现实中的公司资本结构或多或少会受同行业中其他企业财务决策的影响。例如,当 A 企业与 B 企业高管在交流互动中进行信息交换、知识转移,或者 A 企业与 B 企业员工之间进行技术知识交流时,两个企业之间的融资策略互动关系就可能发生。同样地,产业链上的企业越接近债务积压的企业,则受其影响越大;反之,则越弱。例如,我国非市场导向的国有企业或与地方政府紧密联系的企业过度建设热潮和大量房地产库存积压带动了上游产业(如钢铁、水泥和煤炭等)的迅猛发展,但随着建设活动逐渐趋缓,这些产业都面临着产能过剩的问题。当某一个产业链 A 企业增加债务并进行投资时,为 A 企业提供原料或零配件的 B 企业也会增加债务,因为 A 企业的债务融资给产业链上的企业释放一种信号，即增加债务会扩大产能。

提高企业资本结构决策治理水平，主要在于高管决策水平的提升，避免成为羊群里的羊，羊群里的羊想回家很容易，跟紧前面的羊就可以了，但是作为公司的高管，特别是CEO却做不得这样的羊。因为跟着羊群回家的羊是不需要动脑筋的，它不需要判断方向，只需要老老实实地跟着羊群走就足够了。公司的CEO本身就是公司中的领头羊，做一只领头羊就要足够勇敢和有远见，而不能盲目地跟从其他的羊群。美国著名法学家Sunstein（2003）在他的畅销书《为何社会需要百家争鸣》（*Why Societies Need Dissent*）中将盲目跟从的现象称为"从众现象"，他认为，在人类社会的各个领域当中，无论是日常生活还是看来比较严肃的政治、经济和法律等领域，都存在严重的"从众现象"，而这种现象越多，给人类社会带来的隐患越大。在企业管理与财务决策中，无疑也是存在这种"从众现象"的。本书的建议是，公司要建立决策"防火墙"。当公司高管面临是否要进行规模扩张、债务融资或加大债务融资的决策时，需要仔细并且冷静地分析扩张、债务融资给企业带来的利弊，万不可说"你看，那个公司已经扩张了，已经举债了，我们也要扩大规模，也要举债经营"。

对于民营企业而言，应合理选配公司高层管理人员，提倡在具备足够胜任能力的基础上"任人唯亲"，当有必要时适当地引入职业经理人，以避免没有能力的家族成员将企业带向歧途。在家族型民营企业的实际经营中，家族成员股东会及对董事会的控制程度，是非家族企业无法达到的，但正因如此，股东和董事更容易做出失之偏颇的决策，尽管家族成员担任企业要职比外部人员担任要职更具优势，但是家族中的专业人才毕竟有限，无法在每个重要岗位都安置家族成员，高度集权的治理模式无疑也会严重打击其他非家族成员高管的工作激情，产生消极怠工的情绪。专业经理人的存在无疑可以解决这个问题，其专业知识、决策力、分析力甚至可能比家族成员更强，更能胜任职位，并且专业经理人的引入可以触发"鲶鱼效应"，激发企业内部的良性竞争，有利于提高内部的工作效率，更能适应外部的竞争环境。

第 10 章 结论与展望

10.1 研究结论

近年来，聚焦新兴市场企业资本结构相关文献凸显了研究高负债的重要性（Driffield and Pal，2010）。在适度的情况下，企业能够利用债务融资的抵税作用增加企业价值。可是，过高的债务融资将导致企业陷入财务困境和面临破产风险。特别是在类似金融危机的经济衰退期，拥有过高债务的企业面临更高的破产风险。在2008年金融危机之后，债务过剩成为公司金融领域的学术热点。企业债务过剩实质上是杠杆比例的一种特殊形式，即企业资本结构的特殊状态，也是企业财务决策的特殊结果。企业进行负债经营本是一种正常的现象，但随着各种目的性主体的行为影响，正常合适的债务结构渐变成债务过剩。毋庸置疑的是，资本结构归根结底是企业拥有权力的股东和经理或控制企业的内部人的决策结果，毕竟，内因是事物变化发展的内在根据。如果从内因入手研究企业债务过剩，那么随之而来的问题如下：控制企业的股东和高管，即企业内部人对债务过剩的作用机理是什么？如果考虑更广泛的经济联系，作为资本结构特殊状态的债务过剩的经济后果又表现出什么特征？

为了回答上述问题，第一，本书主张回归到 Myers（1977）对债务过剩本质的论述来研究企业资本结构，完善对债务过剩的测度。因此，本书提出从债务可持续性与投资效率角度测度债务过剩，并根据新的测度方法对我国上市公司债务过剩的形成进行实证检验。第二，本书秉承内因是事物变化发展的根据这一哲学原理，揭示企业债务过剩的内生决定因素。第三，本书从更广泛的经济结构和社会关系来看待债务过剩。因此，本书指出企业债务过剩的经济后果还会通过同伴效应影响同行业。

在此背景下，本书利用我国上市公司数据，从组织行为视角对我国上市公司债务过剩进行了研究。本书把组织界定在企业自身、企业股东、同行企业、政府与银行方面。

第 10 章 结论与展望

第一，本书研究了企业债务过剩测度方法。测度方法有两种：第一种方法是，如果企业实际债务超过目标债务，则可判定为企业存在债务过剩，目标债务是根据相关研究回归测算得出的。第二种方法是，从公司过度负债与营利能力两个层面构建一个体现公司财务脆弱性的区间指数，这一指数考虑了公司个体层面的债务结构及其可持续性等方面：①涵盖公司财务状况的变量；②能够建立起公司过度负债时的标准情境。财务会计文献认为，要捕捉公司财务脆弱性，考虑一系列包括债务现象在内的变量是更为合适的，这些变量有财务杠杆、债务能力、金融债务的形式、净财务状况。综合起来，这些财务变量要比单一的债务比率更能对一个公司的财务状况提供更好的理解。公司财务脆弱性不但与公司负债程度有关，而且与公司用当期收益覆盖债务的能力有关。所以，本书也考虑了公司获利能力。

第二，本书通过构建理论模型解释了在制度缺失或不完善的环境下企业集团是一个契约自我履行机制。企业集团的成员企业通过内部资本市场的联结相互之间具有外部性，如果成员企业的债务在第一期得到偿还的保证，那么在第二期，集团内企业的投资项目将容易得到银行下一次的信贷资金。企业旨在追求规模经济的成本削减型投资和企业集团内部资本市场的外部效应在投资是连续的前提下使独立企业之间有组建企业集团的激励，可以解决事后的道德风险问题，从而提升企业获取银行信贷资金的能力。通过模型推导，得出如下结论：在其他条件相同的情况下，企业集团成员公司获取的银行贷款率更高、贷款期限更长；在其他条件相同的情况下，民营化会降低集团化的贷款效应，而且主要表现在贷款期限效应方面，集团化公司获得的贷款担保多于可比公司。

第三，本书从企业集团内部资本市场行为的视角出发，将企业集团内部资本市场行为定义为内部相互担保和内部资金配置，探究了当前经济形势下集团型控制导致上市公司债务过剩的内在机理，并基于上证 A 股制造业上市公司的截面数据，实证研究了企业的集团化经营对企业债务过剩的影响。测度企业债务过剩的方法采用第 3 章中的第二种方法，即从企业偿还债务和利息能力两个维度构建过度负债指标 DEBT 与债务持续性指标 NSD，稳健性检验中采用第一种测度方法。研究结果表明：①集团控制诱发了上市公司债务过剩现象；②担保在集团控制与债务过剩的关系中具有中介效应，即集团的内部担保行为诱发了上市公司债务过剩；③上市公司对外资金配置在集团控制与担保的关系中具有正向调节作用，即上市公司对外资金配置加剧了集团内部对其的担保力度，这种"交叉补贴"最终可能会加剧上市公司债务过剩。

第四，本书基于我国 A 股制造类上市公司的数据，研究了公司的股东谈判力与债务过剩之间的关系，证实了股东谈判力对企业债务过剩具有一定影响。本书选择企业破产清算价格调整下的有形资产、企业的资产规模和机构投资者持股比例来分别度量股东谈判力,以企业实际资产负债率减去目标资产负债率的差值来衡量企业债务过剩水平,并控制了固定资产比例、营利能力、所得税率、总资产增长率、账面市值比、非债务税盾、管理费用率、行业特征和时间序列等变量。实证结果表明:企业股东的谈判力越强,企业越有可能发生债务过剩现象。

第五,本书研究了软预算约束对企业过度负债的影响。本书采用实际资产负债率与目标资产负债率之间的差额衡量企业过度负债水平,根据差额定义过度负债虚拟变量,衡量了企业发生过度负债的概率。从政府补助与金融市场化程度视角衡量软预算约束水平,揭示了国有企业与民营企业软预算约束与过度负债之间的关系,并研究了金融市场化在缓解我国企业过度负债中的治理作用。研究发现:①软预算约束导致国有企业出现债务过剩,软预算约束程度越强,国有企业债务过剩水平和发生债务过剩的概率越高,而对于民营企业,这种关系并不显著;②金融市场化在一定程度上可以抑制国有企业债务过剩的发生,金融市场化程度越高,国有企业过度负债的水平和发生债务过剩的可能性越低。同时,金融市场化在国有企业软预算约束与债务过剩两者关系中具有负向调节作用,在一定程度上削弱了软预算约束对国有企业债务过剩的负面影响,而金融市场化的调节作用并不存在于民营企业中。

第六,本书利用上市公司数据研究了我国企业债务过剩是否具有同伴效应,并进一步探讨行业债务过剩的形成机制。通过实证分析发现:①我国上市公司债务过剩现象较为严重,但平均48%的上市公司实际资产负债率大于预计的最优资产负债率,值得大家的注意,但本书未对债务过剩程度进行区分;②企业债务过剩存在行业同伴效应,企业的财务决策并非孤立的,同行企业的财务决策是企业进行财务决策的重要参考因素,同行企业通过模仿学习、对标管理甚至战略互动,使单个企业的债务过剩逐渐演化为行业债务过剩;③中小企业债务过剩的同伴效应更明显。

10.2 研究展望

本书的研究存在一些不足,这也是今后研究中可以进一步完善和深入的方向。本书研究的逻辑是,企业从最初的债务契约履行的需要,通过扩大规模组建企业集团实现自我履行,随着融资能力的增强及股东谈判力与政府银行的软约束等力量的介入,债务契约的自我履行演变成债务过剩,并通过企业之间的学习模仿、对标管理与行业内的羊群效应进而传染给其他企业,扩散到整个行业,形成行业债务过剩。本书的这一逻辑是否合理还有待进一步的理论论证与实证检验。

第 10 章 结论与展望

本书在第 3 章提出了两种方法测度债务过剩，不免有模型自身的缺陷，是否能够恰当地测算与识别出企业债务过剩，还有待进一步的实践与学术验证，因此未来的研究可以使用更加严谨合理的债务过剩测度方法。而且，本书的实证研究也只是分别采用了这两种方法，如在第 5 章实证研究中采用了第二种债务过剩测度方法，而在第 6、7、8 章的实证研究中采用了第一种债务过剩测度方法。

本书在第 5 章虽然以截面数据为样本揭示了集团化经营更容易发生担保，但是并没有将担保的来源和类型进行区分，担保既可能是来自集团内部的关联担保，也有可能是来自外部的担保，集团化经营到底是否通过增加企业担保而引起了债务过剩，还没有特别充足的实证证据，也许集团化经营与担保只是促成债务水平升高的原因。因此以后的研究还可以通过时间序列数据观察集团化这一过程前后上市公司发生关联担保及债务过剩情况。另外，本书只是选择生产经营型企业集团作为研究对象，对于其他类型的企业集团（如金融控股型集团）内部是否存在类似债务过剩的作用机理，并未考虑。由于不同类型的企业集团在组织架构、业务类型等方面存在差异，如果进一步考虑企业集团类型的差异与企业债务过剩的关系，研究内容可能更加深入和具体，研究结论也将更具一般性。

本书第 6 章假定管理层与股东之间不存在博弈过程，但实际情况是管理层和股东之间也会存在谈判，在所有权和经营权相对分离的现代企业中，管理层希望获得更大的控制权和良好的经营业绩，而股东的举债行为会增加企业的破产风险，此时管理层出于自身利益的保护，可能会与股东进行谈判，以降低企业债务过剩风险。研究中关于股东谈判力测度指标的选取并不完全。根据已有文献可知，资产的专有性、企业的研发能力都会影响股东与债权人之间的谈判，但关于两种指标所公布的数据较难搜集，所以在测度计算时本书忽略这两个指标影响因素，可能无法精确地反映股东谈判力的大小。目前，关于股东谈判力测度问题，国内的相关研究还比较少见，如何选择恰当的指标替代股东谈判力，仍然是将来需要探讨的重要内容，本书中尝试提出的股东谈判力测度方法具有一定的理论意义和现实意义。另外，测度方法的局限以及样本量较少，使得第 6 章的实证结果相对较弱。

本书第 7 章也可能存在不足：一是债务过剩是企业长期存在的一种财务状态，因此后一期债务过剩状态往往受前一期的影响，在变量回归的过程中会存在一定的自相关性，虽然稳健性检验中通过面板数据进行了检验，但是仍可以加入滞后一期的债务过剩指数作为控制变量。二是政府补助造成企业债务过剩的机理是政府干预造成银行贷款展期还是信号传递效应没有明晰。三是目前软预算约束的代理变量还没有更好的方法测度，削弱了本书研究结论的一般化。未来的研究可以进一步从上述方面进行探索与完善。

本书第 8 章未对债务过剩的参照途径进行区分，到底债务过剩是主要参照其他企业哪个方面更容易导致债务过剩,本书未做出进一步研究。根据我国现实情况,中小企业获取银行贷款存在"规模歧视",因此主要可能通过担保和商业信用(应付款项)等进行融资。未来研究或许在此方面可以获得进展,这也顺应了经济新常态下我国"去杠杆"的目标,为我国"去杠杆"做出贡献。

最后,本书理论构建的各组织行为并不处于同一层次,如图 1-4 所示,而是具有先后逻辑。因此,在本书实证检验中,并没有建模综合考虑本书提出的几个组织行为的相互影响以及最终共同作用于企业债务过剩的形成机制。如果在一个模型中综合考虑这些组织行为,实证结果是否稳健,还有待进一步的研究。

参考文献

白贵玉，徐向艺，徐鹏. 2015. 企业规模、动态竞争行为与企业绩效——基于高科技民营上市公司面板数据[J]. 经济管理，（7）：54-63.

蔡吉甫. 2012. 双重软预算约束、银行负债与过度投资[J]. 河北经贸大学学报，（1）：44-53.

陈邦强，傅蕴英，张宗益. 2007. 金融市场化进程中的金融结构、政府行为、金融开放与经济增长间的影响研究——基于中国经验（1978-2005年）的实证[J]. 金融研究，（10）：1-14.

陈超，饶育蕾. 2003. 中国上市公司资本结构、企业特征与绩效[J]. 管理工程学报，（1）：70-74.

陈德萍，陈永圣. 2011. 股权集中度、股权制衡度与公司绩效关系研究——2007~2009年中小企业板块的实证检验[J]. 会计研究，（1）：38-43.

陈德萍，曾智海. 2012. 资本结构与企业绩效的互动关系研究——基于创业板上市公司的实证检验[J]. 会计研究，（8）：66-71，97.

程六兵，王竹泉. 2015. 信贷歧视与银行股份制改革——基于借款逾期公司的经验证据[J]. 财经研究，（6）：82-93.

方军雄. 2007. 所有制、制度环境与信贷资金配置[J]. 经济研究，（12）：75-81.

方明月. 2014. 工会谈判力对资本结构的影响——来自中国企业层面的证据[J]. 世界经济文汇，（2）：45-61.

封铁英. 2006. 资本结构选择偏好与企业绩效的关系研究——基于上市公司"过度负债"与"财务保守"行为的实证分析[J]. 科研管理，27（6）：54-61.

苟琴，黄益平. 2014. 我国信贷配给决定因素分析——来自企业层面的证据[J]. 金融研究，（8）：1-17.

顾研，周强龙. 2018. 政策不确定性、财务柔性价值与资本结构动态调整[J]. 世界经济，（6）：102-126.

郭剑花，杜兴强. 2011. 政治联系、预算软约束与政府补助的配置效率——基于中国民营上市公司的经验研究[J]. 金融研究，（2）：114-128.

韩国高，高铁梅，王立国，等. 2011. 中国制造业产能过剩的测度、波动及成因研究[J]. 经济研究，（12）：18-31.

韩亮亮,李凯,徐业坤. 2008. 金字塔结构、融资替代与资本结构——来自中国民营上市公司的经验证据[J]. 南开管理评论, 11（6）: 74-78.

洪锡熙,沈艺峰. 2000. 我国上市公司资本结构影响因素的实证分析[J]. 厦门大学学报（哲学社会科学版）,（3）: 114-120.

黄俊,张天舒. 2010. 制度环境、企业集团与经济增长[J]. 金融研究,（6）: 91-102.

计方,刘星. 2014. 集团控制、融资优势与投资效率[J]. 管理工程学报, 28（1）: 26-38.

江伟,李斌. 2006. 制度环境、国有产权与银行差别贷款[J]. 金融研究,（11）: 116-126.

姜付秀,黄继承. 2011. 市场化进程与资本结构动态调整[J]. 管理世界,（3）: 124-134, 167.

姜付秀,黄继承. 2013. CEO财务经历与资本结构决策[J]. 会计研究,（5）: 27-34.

姜付秀,屈耀辉,陆正飞,等. 2008. 产品市场竞争与资本结构动态调整[J]. 经济研究,（4）: 99-110.

姜永盛,程小可,李浩举. 2015. 公司的资本结构决策具有学习效应吗?[J]. 中央财经大学学报,（10）: 61-68.

孔东民,刘莎莎,王亚男. 2013. 市场竞争、产权与政府补贴[J]. 经济研究,（2）: 55-67.

孔庆辉. 2010. 宏观经济波动、周期型行业和资本结构选择[J]. 北京理工大学学报（社会科学版）,（6）: 31-35.

赖黎,巩亚林,马永强. 2016. 管理者从军经历、融资偏好与经营业绩[J]. 管理世界,（8）: 126-136.

雷新途. 2009. 不完备财务契约缔结和履行机制研究[M]. 北京: 经济科学出版社.

雷宇,曾雅卓. 2019. 法律背景高管与公司债务期限结构[J]. 财贸研究,（2）: 88-101.

李栋栋. 2016. 公司债务期限结构与股价崩盘风险——基于中国A股上市公司的实证证据[J]. 经济理论与经济管理,（11）: 37-52.

李明明,刘海明. 2016. 投资机会、集团关联担保与经济后果——基于内部资本市场视角的研究[J]. 中南财经政法大学学报,（4）: 76-83.

李世辉,雷新途. 2012. 债务契约、财务冲突与控制权配置: 述评与框架[J]. 湖南大学学报（社会科学版）,（3）: 42-47.

李姝,谢晓嫣. 2014. 民营企业的社会责任、政治关联与债务融资——来自中国资本市场的经验证据[J]. 南开管理评论, 17（6）: 30-40.

李伟. 2012. 产权性质、现金持有与企业过度负债[A]. 中国会计学会2012年学术年会.

李焰,陈才东,黄磊. 2007. 集团化运营、融资约束与财务风险——基于上海复星集团案例研究[J]. 管理世界,（12）: 117-137.

李扬. 2022. 中国杠杆率报告[R]. 国家金融与发展实验室.

李扬,张晓晶,常欣,等. 2012. 中国主权资产负债表及其风险评估（上）[J]. 经济研究,（6）: 4-19.

李悦,熊德华,张峥,等. 2007. 公司财务理论与公司财务行为——来自167家中国上市公司的证据[J]. 管理世界，（11）：108-118.

李增泉，辛显刚，于旭辉. 2008. 金融发展、债务融资约束与金字塔结构——来自民营企业集团的证据[J]. 管理世界，（1）：123-135.

连玉君，钟经樊. 2007. 中国上市公司资本结构动态调整机制研究[J]. 南方经济，（1）：23-38.

林毅夫，李志赟. 2004. 政策性负担、道德风险与预算软约束[J]. 经济研究，（2）：17-27.

林毅夫，刘明兴，章奇. 2004. 政策性负担与企业的预算软约束：来自中国的实证研究[J]. 管理世界，（8）：81-89.

刘海明，曹廷求. 2016. 基于微观主体内生互动视角的货币政策效应研究——来自上市公司担保圈的证据[J]. 经济研究，51（5）：159-171.

刘井建，焦怀东，南晓莉. 2015. 高管薪酬激励对公司债务期限的影响机理研究[J]. 科研管理，（8）：96-103.

刘行，赵健宇，叶康涛. 2017. 企业避税、债务融资与债务融资来源——基于所得税征管体制改革的断点回归分析[J]. 管理世界，（10）：113-129.

龙章睿. 2016. 企业过度负债：涵义、识别与应对——基于银行信贷视角[J]. 南方金融，（6）：54-62.

卢锋，姚洋. 2004. 金融压抑下的法治、金融发展和经济增长[J]. 中国社会科学，（1）：42-55，206.

陆珩瑱，吕睿. 2011. 我国上市公司资本结构影响因素研究——基于内生性的视角[J]. 南京航空航天大学学报（社会科学版），（3）：27-33.

陆军荣. 2005. 国外关于企业内部资本市场研究观点综述[J]. 经济纵横，（4）：73-76.

陆正飞，高强. 2003. 中国上市公司融资行为研究——基于问卷调查的分析[J]. 会计研究，（10）：16-24.

陆正飞，何捷，窦欢. 2015. 谁更过度负债：国企还是非国有企业？[J]. 经济研究，（12）：54-67.

罗栋梁，陈芬. 2016. 地方政府负债、政府补助与企业绩效[J]. 经济问题，（10）：85-91.

梅丹. 2009. 政府干预、预算软约束与过度投资——基于我国国有上市公司2004～2006年的证据[J]. 软科学，（11）：114-117.

聂辉华，江艇，张雨潇. 2016. 我国僵尸企业的现状、原因与对策[J]. 宏观经济管理，（9）：63-68.

欧阳红兵，窦雯璐. 2015. 行业类型、管理层激励和公司债务期限结构的选择[J]. 中国人口·资源与环境，（S1）：564-567.

潘爱玲，李慧. 2013. 企业集团内部资本市场价格机制研究[J]. 经济与管理研究，（5）：36-42.

潘红波，余明桂. 2010. 集团化、银行贷款与资金配置效率[J]. 金融研究，（10）：83-102.

綦好东，刘浩，朱炜. 2018. 过度负债企业"去杠杆"绩效研究[J]. 会计研究，（12）：3-11.

屈耀辉. 2006. 中国上市公司资本结构的调整速度及其影响因素——基于不平行面板数据的经验

分析[J]. 会计研究, (6): 56-62, 97.

饶艳超, 胡奕明. 2005. 银行信贷中会计信息的使用情况调查与分析[J]. 会计研究, (4): 36-41, 94, 95.

邵军, 边姝予, 于小溪. 2013. 内部资本配置效率研究的新进展[J]. 会计与经济研究, 27(4): 52-58.

邵军, 刘志远. 2006. 企业集团内部资本市场与融资约束[J]. 经济与管理研究, (9): 60-65.

申广军, 张延, 王荣. 2018. 结构性减税与企业去杠杆[J]. 金融研究, 462(12): 105-122.

申香华. 2014. 银行风险识别、政府财政补贴与企业债务融资成本——基于沪深两市 2007—2012 年公司数据的实证检验[J]. 财贸经济, (9): 62-71.

沈红波, 廖冠民, 曹军. 2011. 金融发展、产权性质与上市公司担保融资[J]. 中国工业经济, (6): 120-129.

盛明泉, 张敏, 马黎珺, 等. 2012. 国有产权、预算软约束与资本结构动态调整[J]. 管理世界, (3): 151-157.

施华强, 彭兴韵. 2003. 商业银行软预算约束与中国银行业改革[J]. 金融研究, (10): 1-16.

苏冬蔚, 曾海舰. 2009. 宏观经济因素与公司资本结构变动[J]. 经济研究, (12): 52-65.

孙杰. 2006. 资本结构、治理结构和代理成本: 理论、经验和启示[M]. 北京: 社会科学文献出版社.

孙铮, 刘凤委, 李增泉. 2005. 市场化程度、政府干预与企业债务期限结构——来自我国上市公司的经验证据[J]. 经济研究, (5): 52-63.

田利辉. 2005. 国有产权、预算软约束和中国上市公司杠杆治理[J]. 管理世界, (7): 123-128.

汪玉兰, 窦笑晨, 李井林. 2020. 集团控制会导致企业过度负债吗[J]. 会计研究, (4): 76-87.

王峰娟, 邹存良. 2009. 多元化程度与内部资本市场效率——基于分部数据的多案例研究[J]. 管理世界, (4): 153-161.

王红建, 杨筝, 阮刚铭, 等. 2018. 放松利率管制、过度负债与债务期限结构[J]. 金融研究, (2): 100-117.

王娟, 杨凤林. 2002. 中国上市公司资本结构影响因素的最新研究[J]. 国际金融研究, (8): 45-52.

王珏, 骆力前, 郭琦. 2015. 地方政府干预是否损害信贷配置效率? [J]. 金融研究, (4): 99-114.

王琨, 陈胜蓝, 李晓雪. 2014. 集团关联担保与公司融资约束[J]. 金融研究, (9): 192-206.

王汀汀, 施秋圆, 张漫春. 2015. 中小企业债务期限结构及其影响因素研究——基于生命周期的视角[J]. 中央财经大学学报, (5): 64-70.

王跃堂, 王亮亮, 彭洋. 2010. 产权性质、债务税盾与资本结构[J]. 经济研究, (9): 122-136.

王朝阳, 张雪兰, 包慧娜. 2018. 经济政策不确定性与企业资本结构动态调整及稳杠杆[J]. 中国工业经济, (12): 134-151.

王征雁, 黄贤福. 2005. 银行控制股东关联贷款及法律规范的"利益冲突"范式[J]. 西南金融, (4): 35-37.

王志强, 洪艺珣. 2009. 中国上市公司资本结构的长期动态调整[J]. 会计研究, (6): 50-57, 97.

温忠麟, 侯杰泰, 张雷. 2005. 调节效应与中介效应的比较和应用[J]. 心理学报, 37(2): 268-274.

吴卫星, 刘细宪, 钟腾. 2020. 政府和社会资本合作对企业债务期限结构的影响——来自中国上市公司的微观证据[J]. 系统工程理论与实践, (6): 1545-1556.

夏新平, 邹振松, 余明桂. 2006. 控制权、破产风险与我国民营公司负债行为[J]. 管理学报, 3(6): 683-691.

肖泽忠, 邹宏. 2008. 中国上市公司资本结构的影响因素和股权融资偏好[J]. 经济研究, (6): 119-134, 144.

肖作平. 2005. 对我国上市公司债务期限结构影响因素的分析[J]. 经济科学, (3): 80-89.

肖作平. 2009. 制度因素对资本结构选择的影响分析——来自中国上市公司的经验证据[J]. 证券市场导报, (12): 40-47.

肖作平, 廖理. 2007. 大股东、债权人保护和公司债务期限结构选择[J]. 管理世界, (10): 99-113.

辛清泉, 林斌. 2006. 债务杠杆与企业投资:双重预算软约束视角[J]. 财经研究, (7): 73-83.

辛清泉, 郑国坚, 杨德明. 2007. 企业集团、政府控制与投资效率[J]. 金融研究, (10): 123-142.

徐虹, 林钟高, 何亚伟. 2014. 内部控制有效性、盈余质量识别与企业债务期限——基于长期债务决策视角的研究[J]. 江西财经大学学报, (5): 30-40.

杨棉之, 孙健, 卢闯. 2010. 企业集团内部资本市场的存在性与效率性[J]. 会计研究, (4): 50-56.

杨楠. 2015. 基于中国上市公司的资本结构、社会责任与企业绩效分析[J]. 管理学报, (6): 896-902.

杨瑞龙, 杨其静. 2001. 专用性、专有性与企业制度[J]. 经济研究, (3): 3-11, 93.

杨胜刚, 何靖. 2007. 中国上市公司债务期限结构影响因素的实证研究[J]. 经济评论, (5): 87-93.

杨兴全, 陈跃东. 2009. 制度环境、股权性质与公司债务期限结构——来自我国上市公司的经验证据[J]. 云南财经大学学报, (2): 56-64.

易兰广. 2014. 企业集团内部资本市场有效性及影响因素研究[J]. 中南大学学报(社会科学版), 20(5): 180.

银莉, 陈收. 2010. 集团内部资本市场对外部融资约束的替代效应[J]. 山西财经大学学报, 32(8): 102-109.

袁卫秋. 2005. 我国上市公司的债务期限结构——基于权衡思想的实证研究[J]. 会计研究，（12）：53-58，96.

张博，庄汶资，袁红柳. 2018. 新会计准则实施与资本结构优化调整[J]. 会计研究，（11）：21-27.

张会丽，陆正飞. 2013. 控股水平、负债主体与资本结构适度性[J]. 南开管理评论，（5）：24-32.

张文君. 2012. 产业集聚与资本结构：权衡理论还是啄食理论[J]. 财经科学，（6）：46-53.

张樱. 2016. 高管社会资本对银行贷款契约的影响——基于社会资本微观层面的实证研究[J]. 山西财经大学学报，38（7）：39-49.

张兆国，何威风，梁志钢. 2007. 资本结构与公司绩效——来自中国国有控股上市公司和民营上市公司的经验证据[J]. 中国软科学，（12）：141-151.

郑慧开，谢赤. 2014. 房地产企业债务期限结构及其优化研究——以沪深A股市场上市公司为例[J]. 财经理论与实践，（6）：65-69.

中国工商银行信用审批部. 2012. 企业过度融资的两种表现形式及其危害[R]. 信贷审批动态.

中国人民银行苍南县支行课题组. 2013. 防止过度融资演化为资金链断裂的对策分析——以苍南为例[J]. 浙江金融，（6）：76-79.

钟宁桦，刘志阔，何嘉鑫，等. 2016. 我国企业债的结构性问题[J]. 经济研究，（7）：102-117.

周业安，韩梅. 2003. 上市公司内部资本市场研究——以华联超市借壳上市为例分析[J]. 管理世界，（11）：118-125.

朱家谊. 2010. 政府干预与企业债务期限结构研究——来自我国上市公司的经验数据[J]. 财经科学，（10）：88-95.

朱志标. 2016. 盈余信息质量、债务期限结构与投资效率[J]. 商业研究，（12）：24-33.

Acharya V, Amihud Y, Litov L. 2011. Creditor rights and corporate risk taking[J]. Journal of Financial Economics, 102（1）：150-166.

Aghion P, Bolton P. 1992. An "incomplete contracts" approach to financial contracting[J]. The Review of Economic Studies, 59（3）：473-494.

Agrawal A K, Matsa D A. 2013. Labor unemployment risk and corporate financing decisions[J]. Journal of Financial Economics, 108（2）：449-470.

Aivazian V A, Callen J L. 1980. Corporate leverage and growth the game-theoretic issues[J]. Journal of Financial Economics, 8（4）：379-399.

Aivazian V A, Callen J L, Gelb D S. 2001. Corporate leverage and unanticipated industry growth: atest of the Myers conjecture[R]. Research Gate Working Paper.

Alanis E, Chava S, Kumar P. 2018. Shareholder bargaining power, debt overhang, and investment[J]. Review of Corporate Finance Studies, 7（2）：276-318.

Alchian A, Demsetz H. 1972. Production, information costs, and economic organization[J]. American Economic Review, 62 (5): 777-795.

Almazan A, Molina C A. 2005. Intra-industry capital structure dispersion[J]. Journal of Economics and Management Strategy, 14 (2): 263-297.

Almeida H, Campello M. 2007. Financial constraints, asset tangibility, and corporate investment[J]. Review of Financial Studies, 20 (5): 1429-1460.

Almeida H, Wolfenzon D. 2006. A theory of pyramidal ownership and family business groups[J]. Journal of Finance, 61 (6): 2637-2681.

Anderson C W, Garcia-Feijóo L. 2006. Empirical evidence on capital investment, growth options, and security returns[J]. The Journal of Finance, 61 (1): 171-194.

Andrade G, Kaplan S N. 1998. How costly is financial (not economic) distress? Evidence from highly leveraged transactions that became distressed[J]. Journal of Finance, 53 (5): 1443-1494.

Antoniou A, Guney Y, Paudyal K. 2008. The determinants of capital structure: capital market-oriented versus bank-oriented institutions[J]. Journal of Financial and Quantitative Analysis, 43 (1): 59-92.

Arnold M, Westermann R. 2015. Debt covenant renegotiation and investment[R]. Working Paper, University of St. Gallen.

Baek J S, Kang J K, Lee I. 2006. Business groups and tunneling: evidence from private securities offerings by Korean chaebols[J]. The Journal of Finance, 61 (5): 2415-2449.

Baker M, Wurgler J. 2002. Market timing and capital structure[J]. The Journal of Finance, 57 (1): 1-32.

Banerjee S, Dasgupta S, Kim Y. 2008. Buyer-supplier relationships and the stakeholder theory of capital structure[J]. The Journal of Finance, 63 (5): 2507-2552.

Barth J, Lin C, Lin P, et al. 2009. Corruption in bank lending to firms: cross-country micro evidence on the beneficial role of competition and information sharing[J]. Journal of Financial Economics, 91 (3): 361-388.

Bas T, Muradoglu G, Phylaktis K. 2010. Determinants of capital structure in developing countries[R]. Cass Business School, London, U. K.

Bates T W, Kahle K M, Stulz R M. 2009. Why do US firms hold so much more cash than they used to?[J]. The Journal of Finance, 64 (5): 1985-2021.

Berger P G, Ofek E, Yermack D L. 1997. Managerial entrenchment and capital structure decisions[J]. The Journal of Finance, 52 (4): 1411-1438.

Berk J B, Stanton R, Zechner J. 2010. Human capital, bankruptcy, and capital structure[J]. The Journal of Finance, 65 (3): 891-926.

Bernanke B S, Gertler M. 1995. Inside the black box: the credit channel of monetary policy transmission[J]. Journal of Economic Perspectives, 9（4）: 27-48.

Bikhchandani S, Hirshleifer D, Welch I. 1998. Learning from the behavior of others: conformity, fads, and informational cascades[J]. Journal of Economic Perspectives, 12（3）: 151-170.

Bizjak J M, Lemmon M L, Naveen L. 2008. Does the use of peer groups contribute to higher pay and less efficient compensation? [J]. Journal of Financial Economics, 90（2）: 152-168.

Bolton P, Scharfstein D S. 1990. A theory of predation based on agency problems in financial contracting[J]. The American Economic Review, 80（1）: 93-106.

Bond P, Edmans A, Goldstein I. 2012. The real effects of financial markets[J]. Annual Review of Financial Economics, 4（1）: 339-360.

Booth L, Aivazian V, Demirgüc-Kunt A, et al. 2001. Capital structures in developing countries[J]. The Journal of Finance, 56（1）: 87-130.

Boycko M, Shleifer A, Vishny R W. 1996. A theory of privatisation[J]. The Economic Journal, 106（435）: 309-319.

Brander J A, Lewis T R. 1986. Oligopoly and financial structure: the limited liability effect[J]. The American Economic Review, 76（5）: 956-970.

Brandt L, Li H. 2003. Bank discrimination in transition economies: ideology, information, or incentives?[J]. Journal of Comparative Economics, 31（3）: 387-413.

Bris A, Ivo W, Zhu N. 2006. The costs of bankruptcy: chapter 7 liquidation versus chapter 11 reorganization[J]. Journal of Finance, 61（3）: 1253-1303.

Brockman P, Unlu E. 2009. Dividend policy, creditor rights, and the agency costs of debt[J]. Journal of Financial Economics, 92（2）: 276-299.

Bronars S G, Deere D R. 1991. The threat of unionization, the use of debt and the preservation of shareholder wealth[J]. The Quarterly Journal of Economics, 106（1）: 231-254.

Brounen D, Jong A D, Koedijk K. 2006. Capital structure policies in Europe: survey evidence[J]. Journal of Banking and Finance, 30（5）: 1409-1442.

Brown M, Jappelli T, Pagano M. 2009. Information sharing and credit: firm-level evidence from transition countries[J]. Journal of Financial Intermediation, 18（2）: 151-172.

Bulow J, Rogoff K. 1991. Sovereign debt repurchases: no cure for overhang[J]. The Quarterly Journal of Economics, 106（4）: 1219-1235.

Bunkanwanicha P, Gupta J, Rokhim R. 2008. Debt and entrenchment: evidence from Thailand and Indonesia[J]. European Journal of Operational Research, 185（3）: 1578-1595.

Bushman R M, Smith A J. 2001. Financial accounting information and corporate governance[J]. Journal of Accounting and Economics, 32（1/3）: 237-333.

Byoun S. 2008. How and when do firms adjust their capital structures toward targets? [J]. The Journal of Finance, 63 (6): 3069-3096.

Byoun S, Kim J, Yoo S S. 2013. Risk management with leverage: evidence from project finance[J]. Journal of Financial and Quantitative Analysis, 48 (2): 549-577.

Caballero R J, Hoshi T, Kashyap A K. 2008. Zombie lending and depressed restructuring in Japan[J]. American Economic Review, 98 (5): 1943-1977.

Campello M, Giambona E, Graham J R. 2011. Liquidity management and corporate investment during a financial crisis[J]. The Review of Financial Studies, 24 (6): 1944-1979.

Campello M, Graham J R, Harvey C R. 2010. The real effects of financial constraints: evidence from a financial crisis[J]. Journal of financial Economics, 97 (3): 470-487.

Capron L, Mitchell W. 2012. Build, Borrow or Buy: Solving the Growth Dilemma[M]. New York: Harvard Business School Publishing Corporation.

Carlson M, Lazrak A. 2009. Leverage choice and credit spread dynamics when managers risk shift[C]//EFA 2009 Bergen Meetings Paper.

Caskey J, Hughes J, Liu J. 2012. Leverage, excess leverage and future returns[J]. Review of Accounting Studies, 17 (2): 443-471.

Chang C, Chen X, Liao G M. 2014. What are the reliably important determinants of capital structure in China? [J]. Pacific-Basin Finance Journal, 30 (11): 87-113.

Chang S J, Chang C N, Mahmood I. 2006. When and how does business group affiliation promote firm innovation? A tale of two emerging economies[J]. Organization Science, 17 (5): 637-656.

Chava S, Roberts M R. 2008. How does financing impact investment? The role of debt covenants[J]. The Journal of Finance, 63 (5): 2085-2121.

Chen L, Zhao X S. 2005. Profitability, mean reversion of leverage ratios, and capital structure choices[R]. SSRN. https://ssrn.com/abstract=666992.

Chevalier J, Scharfstein D. 1996. Capital market imperfections and countercyclical markups: theory and evidence[J]. American Economic Review, 85 (2): 703-725.

Chu Y Q. 2021. Debt renegotiation and debt overhang: evidence from lender mergers[J]. Journal of Financial and Quantitative Analysis, 56 (3): 995-1021.

Coccorese P. 2012. Information sharing, market competition and antitrust intervention: a lesson from the Italian insurance sector[J]. Applied Economics, 44 (3): 351-359.

Coccorese P, Pellecchia A. 2010. Testing the "quiet life" hypothesis in the Italian banking industry[J]. Economics Notes, 39 (3): 173-202.

Conlisk J. 1980. Costly optimizers versus cheap imitators[J]. Journal of Economic Behavior and Organization, 1 (3): 275-293.

Cook D O, Tang T. 2010. Macroeconomic conditions and capital structure adjustment speed[J].

Journal of Corporate Finance, 16（1）: 73-87.

Cools K. 1993. Capital structure choice; confronting: （meta）theory, empirical tests and executive opinion[D]. PhD. Dissertation of the Tilburg University.

Coricelli F, Driffield N L, Pal S, et al. 2009. Excess leverage and productivity growth in emerging economies: is there a threshold effect?[R]. CEPR Discussion Paper, No. DP7617.

Costanzo D G, Silipo D B, Succurro M. 2013. Debt overhang and innovation: some preliminary results[R]. Working Papers.

Covas F, den Haan W J. 2011. The cyclical behavior of debt and equity finance[J]. American Economic Review, 101（2）: 877-899.

Custódio C, Ferreira M A, Laureano L. 2013. Why are US firms using more short-term debt? [J]. Journal of Financial Economics, 108（1）: 182-212.

Damodaran A. 2010. Applied Corporate Finance[M]. New York: John Wiley & Sons.

Dang V A, Kim M, Shin Y. 2014. Asymmetric adjustment toward optimal capital structure: evidence from a crisis[J]. International Review of Financial Analysis, 33（5）: 226-242.

Davydenko S A, Strebulaev I A. 2007. Strategic actions and credit spreads: an empirical investigation[J]. The Journal of Finance, 62（6）: 2633-2671.

de Miguel A, Pindado J. 2001. Determinants of capital structure: new evidence from Spanish panel data[J]. Journal of Corporate Finance, 7（1）: 77-99.

Denis D J, Mckeon S B. 2012. Debt financing and financial flexibility: evidence from proactive leverage increases[J]. The Review of Financial Studies, 25（6）: 1897-1929.

Dewatripont M, Maskin E. 1995. Credit and efficiency in centralized and decentralized economies[J]. The Review of Economic Studies, 62（4）: 541-555.

Donaldson L. 1990. The ethereal hand: organizational economics and management theory[J]. Academy of Management Review, 15（3）: 369-381.

Driffield N, Mahambare V, Pal S. 2007. How does ownership structure affect capital structure and firm value? Recent evidence from East Asia [J]. Economics of Transition, 15（3）: 535-573.

Driffield N, Pal S. 2010. Evolution of capital structure in East Asia: corporate inertia or endeavours?[J]. Journal of the Royal Statistical Society: Series A（Statistics in Society）, 173（1）: 1-29.

Drobetz W, Wanzenried G. 2006. What determines the speed of adjustment to the target capital structure?[J]. Applied Financial Economics, 16（13）: 941-958.

Duchin R, Ozbas O, Sensoy B A. 2010. Costly external finance, corporate investment, and the subprime mortgage credit crisis[J]. Journal of Financial Economics, 97（3）: 418-435.

Edmans A, Goldstein I, Jiang W. 2012. The real effects of financial markets: the impact of prices on takeovers[J]. The Journal of Finance, 67（3）: 933-971.

Elsas R, Florysiak D. 2011. Heterogeneity in the speed of adjustment toward target leverage[J].

International Review of Finance, 11（2）: 181-211.

Erel I, Julio B, Kim W, et al. 2012. Macroeconomic conditions and capital raising[J]. The Review of Financial Studies, 25（2）: 341-376.

Fama E, French K. 2002. Testing trade-off and pecking order predictions about dividends and debt[J]. Review of Financial Studies, 15（1）: 1-33.

Fan H, Sundaresan S M. 2000. Debt valuation, renegotiation, and optimal dividend policy[J]. The Review of Financial Studies, 13（4）: 1057-1099.

Fan J P H, Titman S, Twite G. 2012. An international comparison of capital structure and debt maturity choices[J]. Journal of Financial and Quantitative Analysis, 47（1）: 23-56.

Faulkender M, Flannery M J, Hankins K W, et al. 2012. Cash flows and leverage adjustments[J]. Journal of Financial Economics, 103（3）: 632-646.

Favara G, Morellec E, Schroth E, et al. 2017. Debt enforcement, investment, and risk taking across countries[J]. Journal of Financial Economics, 123: 22-41.

Fisman R, Khanna T. 2004. Facilitating development: the role of business groups[J]. World Development, 32（4）: 609-628.

Flannery M J, Rangan K P. 2006. Partial adjustment toward target capital structures[J]. Journal of Financial Economics, 79（3）: 469-506.

Foley D K, Hellwig M F. 1975. A note on the budget constraint in a model of borrowing[J]. Journal of Economic Theory, 11（2）: 305-314.

Frank M Z, Goyal V K. 2003. Testing the pecking order theory of capital structure[J]. Journal of Financial Economics, 67（2）: 217-248.

Frank M Z, Goyal V K. 2007. Corporate leverage: how much do managers really matter? [R]. SSRN.

Frank M Z, Goyal V K. 2009. Capital structure decisions: which factors are reliably important? [J]. Financial Management, 38（1）: 1-37.

Frey B S. 1993. Does monitoring increase work effort? The rivalry with trust and loyalty[J]. Economic Inquiry, 31（4）: 663-670.

Garlappi L, Shu T, Yan H. 2008. Default risk, shareholder advantage, and stock returns[J]. The Review of Financial Studies, 21（6）: 2743-2778.

Garlappi L, Yan H. 2011. Financial distress and the cross-section of equity returns[J]. Journal of Finance, 66（3）: 789-822.

Ghatak M, Kali R. 2001. Financially interlinked business groups[J]. Journal of Economics and Management Strategy, 10（4）: 591-619.

Graham J R. 2000. How big are the tax benefits of debt? [J]. The Journal of Finance, 55（5）: 1901-1941.

Graham J R, Harvey C R. 2001. The theory and practice of corporate finance: evidence from the field[J]. Journal of Financial Economics, 60 (2/3): 187-243.

Graham J R, Harvey C R, Puri M. 2013. Managerial attitudes and corporate actions[J]. Journal of Financial Economics, 109 (1): 103-121.

Granovetter M. 1994. Business groups[C]//Smelser N J, Swedberg R. The Handbook of Economic Sociology. Princeton: Princeton University Press: 453-475.

Hackbarth D, Miao J, Morellec E. 2006. Capital structure, credit risk, and macroeconomic conditions[J]. Journal of Financial Economics, 82 (3): 519-550.

Hadlock C J, Pierce J R. 2010. New evidence on measuring financial constraints: moving beyond the KZ index[J]. The Review of Financial Studies, 23 (5): 1909-1940.

Harris M, Raviv A. 1988. Corporate control contests and capital structure[J]. Journal of Financial Economics, 20 (1/3): 55-86.

Harris M, Raviv A. 1991. The theory of capital structure[J]. Journal of Finance, 46 (1): 297-355.

Hart O, Moore J. 1994. A theory of debt based on the inalienability of human capital[J]. The Quarterly Journal of Economics, 109 (4): 841-879.

Hart O, Moore J. 1998. Default and renegotiation: a dynamic model of debt[J]. The Quarterly Journal of Economics, 113 (1): 1-41.

Hennessy C A. 2004. Tobin's Q, debt overhang, and investment[J]. The Journal of Finance, 59 (4): 1717-1742.

Hennessy C A, Levy A, Whited T M. 2007. Testing Q theory with financing frictions[J]. Journal of Financial Economics, 83 (3): 691-717.

Heshmati A. 2001. The dynamics of capital structure: evidence from Swedish micro and small firms[J]. Research in Banking and Finance, 2 (1): 199-241.

Hoshi T, Kashyap A. 2004. Japan's economic and financial crisis: an overview[J]. Journal of Economic Perspectives, 18 (1): 3-26.

Hovakimian A, Opler T, Titman S. 2001. The debt-equity choice[J]. Journal of Financial and Quantitative Analysis, 36 (1): 1-24.

Ivashina V, Scharfstein D. 2010. Bank lending during the financial crisis of 2008[J]. Journal of Financial Economics, 97 (3): 319-338.

Jappelli T, Pagano M. 2002. Information sharing, lending and defaults: cross-country evidence[J]. Journal of Banking and Finance, 10 (26): 2017-2045.

Jensen M C. 1986. Agency costs of free cash flow, corporate finance and takeovers[J]. American Economic Review, 76 (2): 323-329.

Jensen M C, Meckling W H. 1976. Theory of the firm: managerial behavior, agency costs and ownership structure[J]. Journal of Financial Economics, (3): 305-360.

Jou J B. 2001. Corporate borrowing and growth option value: the limited liability effect[J]. Journal of Economics and Finance, 25（1）: 80-99.

Kale J R, Shahrur H. 2007. Corporate capital structure and the characteristics of suppliers and customers[J]. Journal of Financial Economics, 83（2）: 321-365.

Kali R. 1999. Endogenous business networks[J]. Journal of Law, Economics, and Organization, 15（3）: 615-636.

Kali R. 2002. Contractual governance, business groups and transition[J]. Economics of Transition, 10（2）: 255-272.

Kayhan A, Titman S. 2007. Firms' histories and their capital structures[J]. Journal of Financial Economics, 83（1）: 1-32.

Kayo E K, Kimura H. 2011. Hierarchical determinants of capital structure[J]. Journal of Banking and Finance, 35（2）: 358-371.

Khanna T. 2000. Business groups and social welfare in emerging markets: existing evidence and unanswered questions[J]. European Economic Review, 44（4/6）: 748-761.

Khanna T, Yafeh Y. 2005. Business groups and risk sharing around the world[J]. Journal of Business, 78（1）: 301-340.

Khanna T, Yafeh Y. 2007. Business groups in emerging markets: paragons or parasites? [J]. Journal of Economic Literature, 45（2）: 331-372.

Kim H. 2012. Does human capital specificity affect employer capital structure? Evidence from a natural experiment[R]. Working Paper.

Kim S. 2004. Bailout and conglomeration[J]. Journal of Financial Economics, 71（2）: 315-347.

Kiyotaki N, Moore J. 1997. Credit cycles[J]. Journal of Political Economy, 105（2）: 211-248.

Korajczyk R A, Levy A. 2003. Capital structure choice: macroeconomic conditions and financial constraints[J]. Journal of Financial Economics, 68（1）: 75-109.

Kornai J. 1986. The soft budget constraint[J]. Kyklos, 39（1）: 3-30.

Kraus A, Litzenberger R H. 1973. A state-preference model of optimal financial leverage[J]. The Journal of Finance, 28（4）: 911-922.

Krugman P. 1988. Financing vs. forgiving a debt overhang[J]. Journal of Development Economics, 29（3）: 253-268.

La Porta R, Lopez-de-Silanes F, Shleifer A, et al. 1997. Legal determinants of external finance[J]. Journal of Finance, 52（3）: 1131-1150.

La Porta R, Lopez-de-Silanes F, Shleifer A, et al. 1998. Law and finance[J]. Journal of Political Economy, 106（6）: 1113-1155.

Laeven L. 2000. Does financial liberalization relax financing constraints on firms?[R]. World Bank Working Paper, No. 2467.

Leary M T, Roberts M R. 2005. Do firms rebalance their capital structures? [J]. The Journal of Finance, 60 (6): 2575-2619.

Leary M T, Roberts M R. 2014. Do peer firms affect corporate financial policy?[J]. The Journal of Finance, 69 (1): 139-178.

Lee P M, O'neill H M. 2003. Ownership structures and R&D investments of US and Japanese firms: agency and stewardship perspectives[J]. Academy of Management Journal, 46 (2): 212-225.

Leland H E, Pyle D H. 1977. Informational asymmetries, financial structure and financial intermediation[J]. Journal of Finance, 32 (2): 371-387.

Lemmon M L, Roberts M R, Zender J F. 2008. Back to the beginning: persistence and the cross-section of corporate capital structure[J]. The Journal of Finance, 63 (4): 1575-1608.

Lewellen W G. 1971. A pure financial rationale for the conglomerate merger[J]. The Journal of Finance, 26 (2): 521-537.

Li K, Yue H, Zhao L. 2009. Ownership, institutions, and capital structure: evidence from China[J]. Journal of Comparative Economics, 37 (3): 471-490.

Lipson L M, Mortal S. 2009. Liquidity and capital structure[J]. Journal of Financial Markets, (12): 611-644.

Loughran T, Ritter J R. 1995. The new issues puzzle[J]. The Journal of Finance, 50 (1): 23-51.

Loumioti M. 2012. The use of intangible assets as loan collateral[R]. Available at SSRN 1748675.

MacKay P, Phillips G M. 2005. How does industry affect firm financial structure?[J]. Review of Financial Studies, 18 (4): 1433-1466.

Manski C F. 1993. Identification of endogenous social effects: the reflection problem[J]. The Review of Economic Studies, 60 (3): 531-542.

Marburger D R. 1994. Bargaining power and the structure of salaries in major league baseball[J]. Managerial and Decision Economics, 15 (5): 433-441.

Matemilola B T, Ahmad R. 2015. Debt financing and importance of fixed assets and goodwill assets as collateral: dynamic panel evidence[J]. Journal of Business Economics and Management, 16 (2): 407-421.

Matsa D. 2010. Capital structure as a strategic variable: evidence from collective bargaining[J]. The Journal of Finance, 65 (3): 1197-1232.

McConnell J J, Servaes H. 1990. Additional evidence on equity ownership and corporate value[J]. Journal of Financial Economics, 27 (2): 595-612.

McConnell J J, Servaes H. 1995. Equity ownership and the two faces of debt[J]. Journal of Financial Economics, 39 (1): 131-157.

Miller M H, Rock K. 1985. Dividend policy under asymmetric information[J]. The Journal of

Finance, 40 (4): 1031-1051.

Modigliani F, Miller M H. 1958. The cost of capital, corporation finance and the theory of investment[J]. The American Economic Review, 48 (3): 261-297.

Modigliani F, Miller M H. 1963. Corporate income taxes and the cost of capital: a correction[J]. American Economic Association, 53 (3): 433-443.

Moore S, Silvia J. 1995. The ABCs of the Capital Gains Tax[M]. Chicago: Cato Institute.

Moyen N. 2007. How big is the debt overhang problem?[J]. Journal of Economic Dynamics and Control, 31 (2): 433-472.

Myers S C. 1977. Determinants of corporate borrowing[J]. Journal of Financial Economics, 5 (2): 147-175.

Myers S C. 1984. The capital structure puzzle[J]. The Journal of Finance, 39 (3): 575-592.

Myers S C, Majluf N S. 1984. Corporate financing and investment decisions when firms have information that investors do not have[J]. Journal of Financial Economics, 13 (2): 187-221.

Obstfeld M, Rogoff K. 1996. Foundations of International Macroeconomics[M]. Cambridge: The MIT Press.

Occhino F, Pescatori A. 2010. Debt overhang and credit risk in a business cycle model[R]. Working Paper, Federal Reserve Bank of Cleveland.

Parrino R, Weisbach M S. 1999. Measuring investment distortions arising from stockholder-bondholder conflicts[J]. Journal of Financial Economics, 53 (1): 3-42.

Pereira Alves P F, Ferreira M A. 2011. Capital structure and law around the world[J]. Journal of Multinational Financial Management, 21 (3): 119-150.

Perrow C. 1986. Economic theories of organization[J]. Theory and Society, 15 (1/2): 11-45.

Philippon T. 2009. The macroeconomics of debt overhang [R]. 10th Jacques Polak Annual Research Conference, New York University, NBER, and CEPR.

Pyle W. 2002. Overbanked and credit-starved: a paradox of the transition [J]. Journal of Comparative Economics, 32 (1): 26-51.

Rajan R G, Servaes H, Zingales L. 2000. The cost of diversity: the diversification discount and inefficient investment[J]. The Journal of Finance, 55 (1): 35-80.

Rajan R G, Zingales L. 1995. What do we know about capital structure? Some evidence from international data[J]. The Journal of Finance, 50 (5): 1421-1460.

Roberts M R. 2015. The role of dynamic renegotiation and asymmetric information in financial contracting[J]. Journal of Financial Economics, 116: 61-81.

Roberts M R, Sufi A. 2009. Renegotiation of financial contracts: evidence from private credit agreements[J]. Journal of Financial Economics, 93: 159-184.

Ross S A. 1977. The determination of financial structure: the incentive-signalling approach[J]. The

Bell Journal of Economics, 8（1）: 23-40.

Ross S A, Gordon G, Bagnell D. 2011. A reduction of imitation learning and structured prediction to no-regret online learning[C]//Proceedings of the Fourteenth International Conference on Artificial Intelligence and Statistics: 627-635.

Sappington D E M. 1991. Incentives in principal-agent relationships[J]. Journal of Economic Perspective, 5（2）: 45-66.

Scharfstein D S, Stein J C. 1990. Herd behavior and investment[J]. The American Economic Review, 80（3）: 465-479.

Scharfstein D S, Stein J C. 2000. The dark side of internal capital markets: divisional rent-seeking and inefficient investment[J]. The Journal of Finance, 55（6）: 2537-2564.

Shleifer A, Vishny R W. 1994. Politicians and firms[J]. The Quarterly Journal of Economics, 109（4）: 995-1025.

Shleifer A, Vishny R W. 1997. A survey of corporate governance [J]. Journal of Finance, 52（2）: 737-783.

Shyam-Sunder L, Myers S C. 1999. Testing static tradeoff against pecking order models of capital structure[J]. Journal of Financial Economics, 51（2）: 219-244.

Stein J C. 2002. Information production and capital allocation: decentralized versus hierarchical firms[J]. The Journal of Finance, 57（5）: 1891-1921.

Stein J C. 2003. Agency, information and corporate investment[C]//George M, Constantinides M H, Stultz R M. Handbook of the Economics of Finance. Amsterdam: Elsevier, 1: 111-165.

Stigler G J. 1968. Price and non-price competition[J]. Journal of Political Economy, 76（1）: 149-154.

Stulz R M. 1988. Managerial control of voting rights: financing policies and the market for corporate control[J]. Journal of Financial Economics, 20（1/3）: 25-54.

Sunstein C R. 2003. Why Societies Need Dissent[M]. New York: Harvard University Press.

Tanjung Y, Marciano D, Bartle J. 2012. Asymmetry information and diversification effect on loan pricing in Asia Pacific Region 2006-2010[C]//Asian Finance Association（AsFA）2013 Conference.

Titman S. 1984. The effect of capital structure on a firm's liquidation decision[J]. Journal of Financial Economics, 13（1）: 137-151.

Titman S, Tsyplakov S. 2007. A dynamic model of optimal capital structure[J]. Review of Finance, 11（3）: 401-451.

Titman S, Wessels R. 1988. The determinants of capital structure choice[J]. The Journal of Finance, 43（1）: 1-19.

Triki T, Gajigo O. 2014. Credit bureaus and registries and access to finance: new evidence from 42

African countries[J]. Journal of African Development, 16（2）: 73-101.

Uysal V B. 2011. Deviation from the target capital structure and acquisition choices[J]. Journal of Financial Economics, 102（3）: 602-620.

van der Wijst N, Thurik R. 1993. Determinants of small firm debt ratios: an analysis of retail panel data[J]. Small Business Economics, 5（1）: 55-65.

Watanabe W. 2011. Prudential regulations and banking behavior in Japan[J]. Japanese Economy, 38（3）: 30-70.

Waterman R W, Meier K J. 1998. Principal-agent models: an expansion? [J]. Journal of Public Administration Research and Theory, 8（2）: 173-202.

Weiss L A. 1990. Bankruptcy resolution: direct costs and violation of priority of claims[J]. Journal of Financial Economics, 27（2）: 285-314.

Welch I. 2004. Capital structure and stock returns[J]. Journal of Political Economy, 112（1）: 106-131.

Zeckhauser R, Patel J, Hendricks D. 1991. Nonrational actors and financial market behavior[J]. Theory and Decision, 31（2/3）: 257-287.

Zhang A J. 2012. Distress risk premia in expected stock and bond returns[J]. Journal of Banking and Finance, 36（1）: 225-238.

后 记

当我们在确定本书的研究主题并付诸具体的写作行动时，中国正在努力完成"三去一降一补"五大关系经济社会发展的结构性改革任务。可以说，本书的研究内容在彼时有着很强的"时代烙印"，但在"十三五"已然结束，"十四五"铿锵开启之时，我们不免担心本书是否还有其学术价值和生命力。当各大财经媒体时不时地报道出某企业未能按期足额偿付到期利息，或某公司实际控制人变"老赖"，抑或是某公司及其债券信用等级被下调等消息时，我们仍然感到，时至今日，企业债务问题或者说企业真实的资本结构与债务违约风险的形成仍然是中国资本市场一个重要的财务问题，因而非常值得学术界关注与研究，只要有企业，就有债务，研究一个永恒的话题不存在过时，既然是学术研究就应该大胆地与同仁交流，出版拙作无非是此目的。因此我们之前的顾虑也毫无必要。我们在书中的有些观点或想法无论是引起相关研究者的共鸣还是批判，都将是我们引以为傲的，因为被注意到就是其价值。

在书中，我们大胆地采用了一个术语，借鉴了一个研究视角，并提出了一个研究框架。我们采用了"债务过剩"这个术语，说是大胆，是因为在中文文献中很少有研究采用它，我们能找到并使用了"债务过剩"这一术语的中文文献真是寥若星辰，而且是从宏观层面来解读其含义的。英文经典文献中所使用的"debt overhang"除了可以译成债务积压、债务悬置外，也是可以译成"债务过剩"的。为了与当时经常见诸报端的"产能过剩"对应，我们仍然选择使用"债务过剩"一词，这也是受到了"产能过剩"一词的启发和影响。"过剩"，顾名思义是指数量远远超过限度，有剩余和过多之意。所以，我们觉得使用"债务过剩"并无不妥。本书中部分章节已在专业学术期刊上发表，我们并没有使用"债务过剩"，还是采用了被普遍接受的"过度负债"，只是想获得审稿人的"共情"。在本书中，我们坚持了最初的想法，也准备好了接受学界的批判。现在国内关于公司债务问题的研究，言必称"过度负债"，几乎忘了"debt overhang"本初的含义。因此，我们认为，有必要回归 Jensen 和 Meckling（1976）、Myers（1977）的经典文献，重新认真审视公司债务程度的研究内涵和意义。

后 记

　　组织行为是本书的研究视角。组织行为学作为一个学科研究组织中的个体、群体及结构对组织内部行为的影响。我们认为企业的债务融资行为及其程度背后一定隐藏着个体的、群体的行为与心理动机。换言之，企业的财务行为和经营行为反映的无非是人或人群的意识和行为。因此，我们借用组织行为这个概念，并作为研究的视角。不过，本书更多的是从群体的角度嵌入组织行为这个视角。这个群体包括企业、企业的股东、政府与银行及同行企业。本书从组织行为视角把企业自身行为、股东行为、政府行为与银行行为及同行企业行为纳入企业债务过剩的形成研究中，尝试找到研究企业债务过剩的新思路。当然，从组织行为的个体层面研究企业债务过剩的形成也并非不可，毕竟关于个体的理论很多，如高层梯队理论，但本书由于篇幅所限，并未涉及，这既是一个不足，也是一个空间。

　　基于以上，我们从组织行为视角提出了一个企业债务过剩的形成与演化的分析框架。在微观层面，企业债务过剩的形成受到企业自身、企业股东、政府及银行的影响，这里的企业自身主要是指企业集团化经营的特征，包含了企业经理人因素。企业集团化经营可以解释债务契约的自我履行机制，但随着股东谈判力的提升及政府与银行软预算约束的存在，最终导致集团化经营下的企业债务过剩。然后，行业中的其他企业通过对标管理与学习模仿，使企业债务过剩具有行业同伴效应，从而引起单个企业的债务过剩向行业扩散，形成行业债务过剩。概括地讲，这个分析框架就是从企业债务过剩的形成到行业债务过剩的演化逻辑。无论是研究视角，还是分析框架，我们力求体现行为与后果的系统性和整体性，企业债务过剩的形成绝非单一因素作用的结果，一定受到多个因素的共同影响，也许影响的时间有先后顺序，但总体而言是一个整体的合力在作用于企业债务过剩的形成与演化。

　　兹抛出以上观点和想法与学界同仁探讨。

　　在写作过程中，我们力求干净优雅、立意新颖、行文流畅、清新简洁和切中要害，但我们引用了大量英文文献，由于我们的理解能力不够和翻译水平有限，难免有晦涩难懂和研究不够深入之处。最后，还要特别感谢科学出版社的编辑老师们，是他们付出了辛勤劳动才能使拙作顺利地呈现在读者面前，当然文责自负！

李世辉，贺勇
2022 年 2 月于中南大学米塔尔